ŒUVRES

DE

FRÉDÉRIC

LE GRAND

TOME II.

ŒUVRES

DE

FRÉDÉRIC

LE GRAND

TOME II.

BERLIN MDCCCXLVI

CHEZ RODOLPHE DECKER

IMPRIMEUR DU ROI

SUCCESSEUR ET HÉRITIER DE DECKER PÈRE ET FILS

ŒUVRES
HISTORIQUES
DE
FRÉDÉRIC II
ROI DE PRUSSE

TOME II.

BERLIN
CHEZ RODOLPHE DECKER, IMPRIMEUR DU ROI
SUCCESSEUR ET HÉRITIER DE DECKER PÈRE ET FILS

M DCCC XLVI

HISTOIRE
DE MON TEMPS

TOME I.

AVERTISSEMENT

DE

L'ÉDITEUR.

L'*Histoire de mon temps* fut pour le Roi l'objet d'une prédilection marquée : il est facile de s'en apercevoir au soin tout particulier qu'il y a apporté. La rédaction primitive de cet ouvrage, écrit de sa propre main et dans lequel il retrace les commencements de sa gloire comme roi et comme capitaine, est sa première composition historique. Le Roi l'acheva le 2 novembre 1746 : il l'intitula *Seconde et troisième partie de l'Histoire de Brandebourg*, s'étant proposé d'écrire les *Mémoires de Brandebourg*, qui en devaient former la première partie. Environ trente ans plus tard, il refondit entièrement son ouvrage, et lui donna le titre d'*Histoire de mon temps.* La première partie de ce nouveau travail, jusqu'à la paix de Berlin, formant cinquante-quatre pages in-4, fut complétement terminée le 1er juin 1775; et la seconde, de quarante-neuf pages in-4, le 20 juillet de la même année. Frédéric en déposa le manuscrit autographe, ainsi que celui de ses deux ouvrages historiques postérieurs, aux archives du Cabinet, sans aucune disposition spéciale.

La première édition de l'*Histoire de mon temps,* faite sur le dernier manuscrit de l'Auteur, parut dans l'année 1788. Mais les éditeurs ne se contentèrent pas des corrections orthographiques indispensables : de leur propre autorité ils changèrent le style, altérèrent les faits, et omirent à leur gré des passages entiers. Quant à la correction typographique et à l'orthographe des noms de lieux et de personnes, ils n'y songèrent en aucune façon.

Nous avons donc, de toute nécessité, dû recourir au manuscrit original de l'année 1775, pour exécuter l'édition complète et parfaitement exacte que nous offrons au lecteur, nous bornant à la correction des fautes les plus élémentaires, selon les principes énoncés dans la *Préface de l'Éditeur*. Ce que nous avons ajouté en rectifications et remarques explicatives, est indiqué par la lettrine de renvoi; les notes du Roi se distinguent par des chiffres en continuité. Les titres entiers des chapitres, qui sont également de l'Auteur, étaient, dans l'édition de 1788, placés en guise de table des matières à la tête de l'ouvrage; nous les avons reportés à la fin de chaque volume.

Les deux manuscrits originaux de l'*Histoire de mon temps,* de l'année 1746 et de l'année 1775, sont conservés aux archives royales du Cabinet (Caisse 365, lettre *C* 1 et 2).

Nous n'avons, sur une rédaction antérieure à ces deux manuscrits, que les renseignements fournis par le Roi lui-même dans trois lettres adressées à Voltaire, datées, l'une du 18 novembre 1742, l'autre du 6 avril, et la dernière du 21 mai 1743. Dans la seconde de ces lettres, il lui dit : «Je vous enverrai bientôt l'Avant-propos de mes «Mémoires. Je ne puis vous envoyer tout l'ouvrage, car il ne peut «paraître qu'après ma mort et celle de mes contemporains, et cela «parce qu'il est écrit en toute vérité, et que je ne me suis éloigné «en quoi que ce soit de la fidélité qu'un historien doit mettre dans «ses récits.» D'après la réponse de Voltaire, on voit que cet Avant-propos de 1743, destiné seulement au premier volume de l'*Histoire de mon temps,* était très-différent de celui qui précède la rédaction terminée en 1746; c'est ce dernier que nous reproduisons à la tête de notre édition, il est conforme au manuscrit autographe. Le ministre d'État comte de Hertzberg avait déjà publié en 1787 cet Avant-propos dans ses *Huit dissertations,* sans l'admettre dans les *Œuvres posthumes.*

La *Relation de la bataille de Chotusitz* que le Roi composa pour les gazettes deux jours après cette victoire, a été ajoutée par nous au premier volume de l'*Histoire de mon temps;* nous lui avons assigné cette place parce que l'Auteur, dans plusieurs de ses lettres, montre qu'il y attachait de l'importance. C'est ainsi que, le 19 mai 1742, il écrit du camp de Czaslau au marquis de Valori, ambassadeur de France à la cour de Berlin : «Je joins ici une relation exacte et très-«fidèle de ce qui s'est passé à la journée de Chotusitz, dont vous «pourriez faire tel usage que vous trouverez convenable.» — A Jordan, trois jours après la victoire : «La relation qui paraîtra, de ce «qui a précédé et suivi la bataille, est dressée par moi-même, et elle «est conforme à la plus sévère vérité.» — A Algarotti, le 29 mai : «La relation que vous lirez est de ma plume, et exacte, et conforme «à la plus sévère vérité.» — Il écrit encore à Jordan, le 5 juin : «La «relation imprimée de Berlin, qui sans doute court à présent tous les «cafés de l'Europe, est sortie de ma plume. J'ai détaillé toute l'action «avec exactitude et avec vérité.» — Et à Voltaire, le 18 juin : «Je «vous envoie la relation que j'ai faite moi-même de la dernière ba-«taille, comme vous me la demandez.» Voltaire répondit au Roi : «La relation de votre bataille de Chotusitz, que vous avez eu la «bonté de m'envoyer, prouve que vous savez écrire comme com-«battre; j'y vois, autant qu'un pauvre petit philosophe peut voir, «l'intelligence d'un grand général à travers toute votre modestie. Cette «simplicité est bien plus héroïque que ces inscriptions fastueuses qui «ornaient autrefois trop superbement la galerie de Versailles, et que «Louis XIV fit ôter par le conseil de Despréaux; car on n'est jamais «loué que par les faits.»

Frédéric fit traduire cette relation en allemand, et la publia dans les deux gazettes de Berlin du 29 mai; le texte français parut le même jour, dans une édition spéciale, sous le titre de *Relation de la bataille de Chotusitz.* A Berlin, 1742, in-4.

Dans l'impossibilité de nous procurer l'édition originale, nous avons eu recours aux archives du Cabinet, où est conservée (*F.* 8. *H.*) la minute du texte, de la main d'un secrétaire du Roi, et corrigée par un des conseillers de Cabinet. Il s'y trouve également une copie de cette pièce : c'est ce dernier manuscrit que nous publions; il est conforme à la traduction allemande.

On remarquera aisément que le Roi ne s'est pas servi de cette Relation pour composer, dans l'*Histoire de mon temps,* le récit de la bataille de Chotusitz.

Nous avons jugé convenable de donner, à la fin du second volume, la *Correspondance du Roi avec Sir Thomas Villiers relative à l'histoire de la paix de Dresde,* parce qu'immédiatement après la paix de Dresde cette correspondance fut publiée, selon toute vraisemblance par Villiers lui-même. Le libraire Haude de Berlin, au mois de février 1746, exprima le désir de la réimprimer : le Roi, en y consentant, lui fit demander l'édition de Londres, pour y ajouter encore quelques mots de sa propre main.

C'est cette réimpression que nous reproduisons; elle a pour titre :

Recueil de quelques lettres et autres pièces intéressantes pour servir à l'histoire de la paix de Dresde. A Berlin, 1746, 112 pages in-8.

Quant aux additions ou changements apportés par le Roi, nous ne saurions en parler positivement, n'ayant pas eu sous les yeux l'édition de Londres. Cependant l'on doit supposer que le Roi n'exécuta pas son dessein, car il parut en 1746 une autre édition de ces lettres, sans indication de libraire ni de lieu d'impression; nous y avons trouvé les mots *à Dresde,* p. 209, et *de Sa Majesté et à la pureté,* p. 211, oubliés dans l'édition du libraire Haude, à laquelle d'ailleurs elle est entièrement conforme : nous en concluons qu'elle a été faite sur un autre texte, qui ne peut être que celui de l'édition de Londres.

Berlin, ce 20 novembre 1845.

J.-D.-E. Preuss,
Historiographe de Brandebourg.

AVANT-PROPOS.

(1746.)

Beaucoup de personnes ont écrit l'histoire, mais bien peu ont dit la vérité. Les uns ont voulu rapporter des anecdotes qu'ils ignoraient, et en ont imaginé; d'autres ont fait des compilations de gazettes, ils ont écrit laborieusement des volumes qui ne contiennent que des ramas informes de bruits et de superstitions populaires; d'autres ont fait des journaux de guerre insipides et diffus; enfin la fureur d'écrire a séduit quelques auteurs à faire l'histoire de ce qui s'est passé quelques siècles avant leur naissance. A peine reconnaît-on les faits principaux dans ces romans : les héros pensent, parlent et agissent selon l'auteur; ce sont ses rêveries qu'il raconte, et non pas les actions de ceux dont il doit rapporter la vie. Tous ces livres sont indignes de passer à la postérité; et cependant l'Europe en est inondée, et il se trouve des gens assez sots pour y ajouter foi. Hors le sage M. de Thou, Rapin de Thoyras, et deux ou trois autres tout au plus, nous n'avons que de faibles historiens. Il faut redoubler d'attention sceptique quand on les lit, et passer vingt pages de paralogismes avant que de trouver quelque fait intéressant ou quelque vérité. C'est donc beaucoup d'être vrai dans l'histoire; cependant cela ne suffit pas, il faut encore être impartial, écrire avec choix et discernement, et surtout examiner et considérer les objets avec un coup d'œil philosophique.

Persuadé que ce n'est point à quelque savant en *us*, ni à quelque bénédictin, qui naîtront au XXIXe siècle, à peindre les hommes du nôtre, ces négociations, ces intrigues, ces guerres, ces batailles, et tous ces grands événements que nous avons vus de nos jours embellir la scène du vaste théâtre de l'Europe, j'ai pensé qu'il me convenait, comme contemporain et comme acteur, de rendre compte à mes successeurs des révolutions que j'ai vues arriver dans le monde, et auxquelles j'ai eu quelque part. C'est à vous, race future, que je dédie cet ouvrage, où je tâcherai de crayonner légèrement ce qui regarde les autres puissances, et où je m'étendrai davantage pour ce qui regarde la Prusse, comme intéressant directement ma maison, qui peut regarder l'acquisition de la Silésie comme l'époque de son agrandissement.

Ce morceau d'histoire que je me propose d'écrire, est d'autant plus beau, qu'il est rempli d'une foule d'événements marqués au coin de la grandeur et de la singularité; j'ose même avancer que, depuis le bouleversement de l'empire romain, il n'y a point eu d'époque dans l'histoire aussi digne d'attention que celle de la mort de l'empereur Charles VI, le dernier mâle de la maison de Habsbourg, et ce qu'a produit cette fameuse ligue, ou plutôt ce complot de tant de rois conjurés à la ruine de la maison d'Autriche.

Je n'avancerai rien sans preuves : les archives sont mes garants; les relations de mes ministres, les lettres de rois, de souverains et celles que quelques grands hommes m'ont écrites, sont mes preuves; je rapporte d'autres fois sur le témoignage de personnes véridiques et différentes qui s'accordent : on ne peut pas constater la vérité autrement. Les récits de mes campagnes ne contiendront que le sommaire des événements les plus considérables; cependant je ne tairai point la gloire immortelle que tant d'officiers y ont acquise : je leur voue ce faible essai comme un monument de ma reconnaissance. Je me propose la même concision pour ce qui regarde le ressort de la politique; cependant j'observerai soigneusement ces traits qui caractérisent l'esprit du siècle et des différentes nations. Je comparerai les temps présents et les temps passés, car notre jugement ne peut se perfectionner que par les comparaisons; j'oserai envisager l'Europe sous un coup d'œil général, et passer dans mon esprit tous ces royaumes et toutes ces puissances comme en revue; et quelquefois je descendrai à ces petits détails qui ont donné lieu aux choses les plus grandes.

Comme je n'écris que pour la postérité, je ne serai gêné par aucune considération du public, ni par aucun ménagement : je dirai tout haut ce que beaucoup de personnes pensent tout bas, en peignant les princes tels qu'ils sont, sans me prévenir contre mes ennemis, et sans prédilection pour ceux avec lesquels j'ai été en alliance. Je ne parlerai de moi-même que lorsque je ne pourrai pas faire autrement; tout homme, quel qu'il soit, ne mérite guère l'attention des siècles à venir. Tant qu'un roi vit, il est l'idole de sa cour; les grands l'encensent, les poëtes le chantent; le public le craint, ou ne l'aime que faiblement : est-il mort? alors la vérité paraît, et souvent l'envie se venge avec trop de rigueur des fadeurs que la flatterie lui avait prodiguées.

C'est à la postérité à nous juger tous après notre mort, et c'est à nous à nous juger pendant notre vie. Quand nos intentions sont pures, lorsque nous aimons la vertu, lorsque notre cœur n'est pas le complice des erreurs de notre esprit, et que nous sommes convaincus que nous avons fait à nos peuples tout le bien que nous leur pouvions faire, cela nous doit suffire.

Vous verrez dans cet ouvrage des traités faits et rompus; et je dois vous dire, à ce sujet, que nous sommes subordonnés à nos moyens et à nos facultés : lorsque nos intérêts changent, il faut changer avec eux. Notre emploi est de veiller au bonheur de nos peuples : dès que nous trouvons donc du danger ou du hasard pour eux dans une alliance, c'est à nous de la rompre plutôt que de les exposer; en cela le souverain se sacrifie pour le bien de ses sujets. Toutes les annales de l'univers en fournissent des exemples, et on ne peut en vérité guère faire autrement. Ceux qui condamnent si fort cette conduite, sont des gens qui regardent comme quelque chose de sacré la parole donnée; ils ont raison, et je pense comme eux en tant que particulier, car un homme qui engage sa parole à un autre, dût-il même avoir promis inconsidérément une chose qui tournât à son plus grand préjudice, doit la tenir, puisque l'honneur est au-dessus de l'intérêt; mais un prince qui s'engage, ne se commet pas lui seul, sans quoi il serait dans le cas du particulier, il expose de grands États et de grandes provinces à mille malheurs : il vaut donc mieux, plutôt que le peuple périsse, que le souverain rompe son traité. Que dirait-on d'un chirurgien ridiculement scrupuleux, qui ne voudrait pas couper le bras gangrené d'un homme, parce que couper un bras est une mauvaise action? ne voit-on pas que c'en est une bien plus mauvaise de laisser périr un citoyen que l'on pouvait sauver? J'ose dire que ce sont les circonstances d'une action, tout ce qui l'accompagne et tout ce qui s'ensuit, par où on doit juger si elle est bonne ou mauvaise; mais combien peu de personnes jugent ainsi par connaissance de cause; l'espèce humaine est moutonnière, elle suit aveuglément son guide: qu'un homme d'esprit dise un mot, cela suffit pour que mille fous le répètent.

Je ne saurais me refuser la satisfaction d'ajouter encore quelques réflexions générales ici, que j'ai faites sur le sujet des grands événements que je décris. Je trouve que les plus puissants États sont ceux où il y a plus de confusion que dans les petits; et cependant la grandeur de la machine les fait aller, et l'on ne s'aperçoit point de ce désordre domestique. J'observe que les princes qui portent leurs armes trop loin de leurs frontières, sont toujours malheureux, parce qu'ils ne peuvent point renouveler et secourir ces troupes aventurées. J'observe que toutes les nations sont plus valeureuses quand elles combattent pour leurs foyers, que lorsqu'elles attaquent leurs voisins : cela ne viendrait-il pas d'un principe naturel à l'homme, qu'il est juste de se défendre, et non pas d'attaquer son voisin? Je vois que les flottes française et espagnole ne peuvent point résister à la flotte anglaise, et je m'étonne que du temps de Philippe II la marine espagnole ait été supérieure seule à celle d'Angleterre et de Hollande. Je remarque avec surprise que tous ces armements de marine ne produisent rien que la perte du commerce, qu'ils doivent protéger. D'un côté se présente le roi d'Espagne, maître du Potosi, obéré en Europe, et créancier de tous les officiers de sa couronne, de ses domestiques et des ouvriers de Madrid; de l'autre, la nation anglaise, qui jette d'une main les guinées que trente ans d'industrie lui ont fait gagner. Je vois la pragmatique sanction qui fait tourner les têtes de la moitié de l'Europe, et la reine de Hongrie qui démembre ses provinces pour en soutenir l'indivisibilité. La guerre qui s'allume en Silésie, devient épidémique, et acquiert un degré de malignité de plus à mesure qu'elle augmente. La capitale du monde s'ouvre au premier venu, et le Pape bénit ceux qui le font contribuer, n'osant pas les accabler de ses anathèmes; l'Italie est subjuguée et perdue. Les fortunes sont inconstantes : aucune puissance ne jouit d'une suite de prospérités; les revers suivent rapidement les succès. Les Anglais, comme un torrent impétueux, entraînent les Hollandais dans leur course, et ces sages républicains qui envoyaient des députés pour commander les armées lorsque les plus grands hommes de l'Europe, les Eugène et les Marlborough, étaient à leur tête, n'en envoient point lorsque le duc de Cumberland et le prince de Waldeck sont chargés du soin de les conduire. Le Nord s'embrase, et produit une guerre funeste aux Suédois; le Danemark se remue, gronde et se calme, et la Pologne se soutient, parce qu'elle n'excite point de jalousies. La Saxe change deux fois de parti: toutes les deux, son ambition est trompée: elle ne gagne rien avec les uns, et elle est écrasée avec les autres. Mais ce qu'il y a de plus funeste, c'est l'horrible effusion qui se fait du sang humain : l'Europe ressemble à une boucherie, partout ce sont des batailles sanglantes; on dirait que les rois ont résolu de dépeupler la terre. La complication d'événements a changé les causes des guerres; les effets continuent, et le motif cesse : je crois voir des joueurs qui, dans la rage du jeu, ne quittent la partie que lorsqu'ils ont tout perdu, ou qu'ils ont ruiné leurs adversaires. Si l'on demandait à un ministre anglais : Pourquoi continuez-vous la guerre? C'est, dirait-il, que la France ne pourra plus fournir à la dépense de la campagne prochaine; et si l'on faisait la même question à un Français, la réponse serait toute semblable. Supposons que l'un des deux accuse juste, et que l'acquisition de deux ou trois places frontières, d'une petite lisière de terrain, une limite un peu plus étendue, doivent être regardées comme des avantages; quand on compte les dépenses excessives que la guerre a coûté, combien le peuple a été foulé par des impôts pour amasser ces grandes sommes, et surtout que c'est au prix du sang de tant de milliers d'hommes que ces conquêtes ont été achetées, qui ne serait point ému à la vue de tant de misérables qui sont les victimes de ces funestes querelles? Mais si vous êtes touchés par le malheur d'un particulier, ou si vous vous attendrissez à l'infortune qui réduit une famille entière à la misère, combien plus ne devez-vous pas l'être en voyant les vicissitudes des plus florissants empires et des monarchies les plus puissantes de l'Europe? et c'est la plus belle leçon de modération qu'on puisse vous donner. Considérer les écueils, les naufrages, débris de l'ambition, c'est ouvrir l'oreille à la voix de l'expérience, qui vous crie : Rois, princes, souverains à venir, que la fable d'Icare, qui nous peint la punition de l'ambitieux, vous fasse éviter sans cesse cette passion insatiable et fougueuse.

Je dis plus: si un Louis le Grand a éprouvé des revers prodigieux; si un Charles XII a été presque dépouillé de ses États; si le roi Auguste fut détrôné en Pologne, et son fils, déposé en Saxe; si l'Empereur fut chassé de ses États : quel mortel oserait se croire au-dessus d'une semblable destinée, et hasarder sa fortune contre l'incertitude des événements, l'obscurité de l'avenir, et ces hasards inopinés qui renversent en un clin d'œil la sagacité des projets les plus profonds et les plus ingénieux? L'histoire de la cupidité est l'école de la vertu : l'ambition fait des tyrans, la modération fait des sages!

AVANT-PROPOS.

(1775.)

La plupart des histoires que nous avons, sont des compilations de mensonges mêlés de quelques vérités. De ce nombre prodigieux de faits qui nous ont été transmis, on ne peut compter pour avérés que ceux qui ont fait époque, soit de l'élévation ou de la chute des empires. Il paraît indubitable que la bataille de Salamine s'est donnée, et que les Perses ont été vaincus par les Grecs. Il n'y a aucun doute qu'Alexandre le Grand n'ait subjugué l'empire de Darius, que les Romains n'aient vaincu les Carthaginois, Antiochus et Persée; cela est d'autant plus évident, qu'ils ont possédé tous ces États. L'histoire acquiert encore plus de foi dans ce qu'elle rapporte des guerres civiles de Marius et de Sylla, de Pompée et de César, d'Auguste et d'Antoine, par l'authenticité des auteurs contemporains qui nous ont décrit ces événements. On n'a point de doute sur le bouleversement de l'empire d'Occident, et sur celui d'Orient; car on voit naître et se former des royaumes du démembrement de l'empire romain; mais lorsque la curiosité nous invite à descendre dans le détail des faits de ces temps reculés, nous nous précipitons dans un labyrinthe plein d'obscurités et de contradictions, d'où nous n'avons point de fil pour sortir. L'amour du merveilleux, le préjugé des historiens, le zèle mal entendu pour leur patrie, leur haine pour les nations qui leur étaient opposées, toutes ces différentes passions qui ont guidé leur plume, et les temps, de beaucoup postérieurs aux événements, où ils ont écrit, ont si fort altéré les faits en les déguisant, qu'avec des yeux de lynx même on ne parviendrait pas à les dévoiler à présent.

Cependant dans la foule d'auteurs de l'antiquité, l'on distingue avec satisfaction la description que Xénophon fait de la retraite des Dix mille qu'il avait commandés et ramenés lui-même en Grèce. Thucydide jouit à peu près des mêmes avantages. Nous sommes charmés de trouver, dans les fragments qui nous restent de Polybe, l'ami et le compagnon de Scipion l'Africain, les faits qu'il nous raconte, dont lui-même a été le témoin. Les lettres de Cicéron à son ami Atticus, portent le même caractère; c'est un des acteurs de ces grandes scènes qui parle. Je n'oublierai point les *Commentaires* de César, écrits avec la noble simplicité d'un grand homme; et, quoi qu'en ait dit Hirtius, les relations des autres historiens sont en tout conformes aux événements décrits dans ces Commentaires; mais depuis César, l'histoire ne contient que des panégyriques ou des satires. La barbarie des temps suivants a fait un chaos de l'histoire du Bas-Empire, et l'on ne trouve d'intéressant que les Mémoires écrits par la fille de l'empereur Alexis Comnène, parce que cette princesse rapporte ce qu'elle-même a vu.

Depuis, les moines, qui seuls avaient quelques connaissances, ont laissé des annales trouvées dans leurs couvents, qui ont servi à l'histoire d'Allemagne; mais quels matériaux pour l'histoire! Les Français ont eu un Évêque de Tours, un Joinville et le *Journal* de l'Estoile, faibles ouvrages de compilateurs qui écrivaient ce qu'ils apprenaient au hasard, mais qui difficilement pouvaient être bien instruits. Depuis la renaissance des lettres, la passion d'écrire s'est changée en fureur. Nous n'avons que trop de mémoires, d'anecdotes et de relations, parmi lesquelles il faut s'en tenir au petit nombre d'auteurs qui ont eu des charges, qui ont été eux-mêmes acteurs des événements, qui ont été attachés à la cour, ou qui ont eu la permission des souverains de fouiller dans les archives, tels que le sage président de Thou, Philippe de Comines, Vargas, fiscal du concile de Trente, mademoiselle d'Orléans,[a] le cardinal de Retz, etc.; ajoutons-y les *Lettres* de M. d'Estrades, les *Mémoires* de M. de Torcy, monuments curieux, surtout ce dernier, qui nous développe la vérité de ce testament de Charles II, roi d'Espagne, sur lequel les sentiments ont été si partagés.

Ces réflexions sur l'incertitude de l'histoire, dont je me suis souvent occupé, m'ont fait naître l'idée de transmettre à la postérité les faits principaux auxquels j'ai eu part, ou dont j'ai été témoin, afin que ceux qui à l'avenir gouverneront cet État puissent connaître la vraie situation des choses lorsque je parvins à la régence, les causes qui m'ont fait agir, mes moyens, les trames de

[a] Anne-Marie-Louise d'Orléans, connue sous le nom de *Mademoiselle*, duchesse de Montpensier; morte en 1693.

nos ennemis, les négociations, les guerres, et surtout les belles actions de nos officiers, par lesquelles ils se sont acquis l'immortalité à juste titre.

Depuis les révolutions qui bouleversèrent premièrement l'empire d'Occident, ensuite celui d'Orient, depuis les succès immenses de Charlemagne, depuis l'époque brillante du règne de Charles-Quint; après les troubles que la réforme causa en Allemagne, et qui durèrent trente années, enfin après la guerre qui s'alluma à cause de la succession d'Espagne, il n'est aucun événement plus remarquable et plus intéressant que celui que produisit la mort de l'empereur Charles VI, dernier mâle de la maison de Habsbourg.

La cour de Vienne se vit attaquée par un prince auquel elle ne pouvait supposer assez de force pour tenter une entreprise aussi difficile. Bientôt il se forma une conjuration de rois et de souverains, tous résolus à partager cette immense succession. La couronne impériale passa dans la maison de Bavière; et lorsqu'il semblait que les événements concouraient à pronostiquer la ruine de la jeune reine de Hongrie, cette princesse, par sa fermeté et par son habileté, se tira d'un pas aussi dangereux, et soutint la monarchie en sacrifiant la Silésie et une petite part du Milanais : c'était tout ce qu'on pouvait attendre d'une jeune princesse, qui, à peine parvenue au trône, saisit l'esprit du gouvernement, et devint l'âme de son conseil.

Cet ouvrage-ci étant destiné pour la postérité, me délivre de la gêne de respecter les vivants, et d'observer de certains ménagements incompatibles avec la franchise de la vérité : il me sera permis de dire sans retenue et tout haut ce que l'on pense tout bas. Je peindrai les princes tels qu'ils sont, sans prévention pour ceux qui ont été mes alliés, et sans haine pour ceux qui ont été mes ennemis; je ne parlerai de moi-même que lorsque la nécessité m'y obligera, et l'on me permettra, à l'exemple de César, de faire mention de ce qui me regarde en personne tierce, pour éviter l'odieux de l'égoïsme. C'est à la postérité à nous juger; mais, si nous sommes sages, nous devons la prévenir en nous jugeant rigoureusement nous-mêmes. Le vrai mérite d'un bon prince est d'avoir un attachement sincère au bien public, d'aimer la patrie et la gloire; je dis la gloire, car l'heureux instinct qui anime les hommes du désir d'une bonne réputation, est le vrai principe des actions héroïques : c'est le nerf de l'âme, qui la réveille de sa léthargie pour la porter aux entreprises utiles, nécessaires et louables.

Tout ce qu'on avance dans ces Mémoires, soit à l'égard des négociations, des lettres de souverains, ou de traités signés, a ses preuves conservées dans les archives. On peut répondre des faits militaires comme témoin oculaire; telle relation de bataille a été différée de trois ou quatre jours pour la rendre plus exacte et plus véridique.

La postérité verra peut-être avec surprise dans ces Mémoires les récits de traités faits et rompus : quoique ces exemples soient communs dans l'histoire, cela ne justifierait point l'auteur de cet ouvrage, s'il n'avait d'autres raisons meilleures pour excuser sa conduite.

L'intérêt de l'État doit servir de règle à la conduite des souverains. Les cas de rompre les alliances sont ceux :

1° où l'allié manque à remplir ses engagements; 2° où l'allié médite de vous tromper, et où il ne vous reste de ressource que de le prévenir; 3° une force majeure qui vous opprime et vous force à rompre vos traités; 4° enfin, l'insuffisance des moyens pour continuer la guerre: par je ne sais quelle fatalité, ces malheureuses richesses influent sur tout, et les princes sont les esclaves de leurs moyens; l'intérêt de l'État leur sert de loi, et elle est inviolable. Si le prince est dans l'obligation de sacrifier sa personne même au salut de ses sujets, à plus forte raison doit-il leur sacrifier des liaisons dont la continuation leur deviendrait préjudiciable. Les exemples de pareils traités rompus se rencontrent communément dans l'histoire: notre intention n'est pas de les justifier tous; j'ose pourtant avancer qu'il en est de tels, ou que la nécessité ou la sagesse, la prudence ou le bien des peuples obligeait de transgresser, ne leur restant que ce moyen-là d'éviter leur ruine. Si François Ier avait accompli le traité de Madrid, il aurait, en perdant la Bourgogne, établi un ennemi dans le cœur de ses États: c'était réduire la France dans l'état malheureux où elle était du temps de Louis XI et de Louis XII. Si après la bataille de Mühlberg, gagnée par Charles-Quint, la ligue protestante d'Allemagne ne s'était pas fortifiée de l'appui de la France, elle n'aurait pu éviter de porter les chaînes que l'Empereur lui préparait de longue main. Si les Anglais n'avaient pas rompu l'alliance si contraire à leurs intérêts, par laquelle Charles II s'était uni avec Louis XIV, leur puissance courait risque d'être diminuée, d'autant plus que, dans la balance politique de l'Europe, la France l'aurait emporté de beaucoup sur l'Angleterre. Les sages qui prévoient les effets dans les causes, doivent à temps s'opposer à ces causes si diamétralement opposées à leurs intérêts. Qu'on me permette de m'expliquer exactement sur cette matière délicate, que l'on n'a guère traitée dogmatiquement. Il me paraît clair et évident qu'un particulier doit être attaché scrupuleusement à sa parole, l'eût-il même donnée inconsidérément : si on lui manque, il peut recourir à la protection des lois, et, quoi qu'il en arrive, ce n'est qu'un individu qui souffre ; mais à quels tribunaux un souverain prendra-t-il recours, si un autre prince viole envers lui ses engagements? La parole d'un particulier n'entraîne que le malheur d'un seul homme ; celle des souverains, des calamités générales pour des nations entières. Ceci se réduit à cette question : vaut-il mieux que le peuple périsse, ou que le prince rompe son traité? Quel serait l'imbécile qui balancerait pour décider cette question? Vous voyez, par les cas que nous venons d'exposer, qu'avant que de porter un jugement décisif sur les actions d'un prince, il faut commencer par examiner mûrement les circonstances où il s'est trouvé, la conduite de ses alliés, les ressources qu'il pouvait avoir, ou qui lui manquaient pour remplir ses engagements. Car, comme nous l'avons déjà dit, le bon ou le mauvais état des finances sont comme le pouls des États, qui influent plus qu'on ne le croit, ni qu'on ne le sait, dans les opérations politiques et militaires. Le public, qui ignore ces détails, ne juge que sur les apparences, et se trompera par conséquent dans ses décisions ; la prudence empêche qu'on ne le détrompe, parce que ce serait le comble de la démence d'ébruiter soi-même, par vaine gloire, la partie faible de l'État : les ennemis, charmés d'une pareille découverte, ne manqueraient pas d'en profiter. La prudence exige donc qu'on abandonne au public la liberté de ses jugements téméraires, et que, ne pouvant se justifier pendant sa vie sans compromettre l'intérêt de l'État, l'on se contente de se légitimer aux yeux désintéressés de la postérité.

Peut-être ne sera-t-on pas fâché que j'ajoute quelques réflexions générales à ce que je viens de dire sur les événements qui sont arrivés de mon temps. Je vois premièrement que les petits États peuvent se soutenir contre les plus grandes monarchies, lorsque ces États ont de l'industrie et beaucoup d'ordre dans leurs affaires. Je trouve que les grands empires ne vont que par des abus; qu'ils sont remplis de confusion; et qu'ils ne se soutiennent que par leurs vastes ressources, et par la force intrinsèque de leur masse. Les intrigues qui se font dans ces cours, perdraient des princes moins puissants; elles nuisent toujours, mais elles n'empêchent pas que de nombreuses armées ne conservent leur poids. J'observe que toutes les guerres portées loin des frontières de ceux qui les entreprennent, n'ont pas les mêmes succès que celles qui se font à portée de la patrie. Ne serait-ce pas par un sentiment naturel dans l'homme, qui sent qu'il est plus juste de se défendre que de dépouiller son voisin? Mais peut-être la raison physique l'emporte-t-elle sur la morale, par la difficulté de pourvoir aux vivres dans une distance éloignée de la frontière, à fournir à temps les recrues, les remontes, les habillements, les munitions de guerre. Ajoutons encore que plus les troupes sont aventurées dans les pays lointains, plus elles craignent qu'on ne leur coupe la retraite, ou qu'on ne la leur rende difficile. Je m'aperçois de la supériorité marquée de la flotte anglaise sur celles des Français et des Espagnols réunies, et je m'étonne comment la marine de Philippe II, ayant été supérieure à celle des Anglais et des Hollandais, n'a pas conservé d'aussi grands avantages. Je remarque encore avec surprise que tous ces armements de mer sont plus pour l'ostentation que pour l'effet, et qu'au lieu de protéger le commerce, ils ne l'empêchent pas de se détruire. D'un côté se présente le roi d'Espagne, souverain du Potosi, obéré en Europe, créancier à Madrid de ses officiers et de ses domestiques; de l'autre, le roi d'Angleterre, qui répand à pleines mains ses guinées que trente ans d'industrie lui ont fait gagner, pour soutenir la reine de Hongrie et la pragmatique sanction, indépendamment de quoi cette reine de Hongrie est obligée de sacrifier quelques provinces pour sauver le reste. La capitale du monde chrétien s'ouvre au premier venu, et le Pape, n'osant pas accabler d'anathèmes ceux qui le font contribuer, est obligé de les bénir. L'Italie est inondée d'étrangers qui se battent pour la subjuguer. L'exemple des Anglais entraîne comme un torrent les Hollandais dans cette guerre qui leur est étrangère; et ces républicains qui du temps que des héros, les Eugène, les Marlborough, commandaient leurs armées, y envoyaient des députés pour régler les opérations militaires, n'en envoient point lorsqu'un duc de Cumberland se trouve à la tête de leurs troupes. Le Nord s'embrase, et produit une guerre funeste à la Suède. Le Danemark s'anime, s'agite et se calme. La Saxe change deux fois de parti; elle ne gagne rien, ni avec les uns, ni avec les autres, sinon qu'elle attire les Prussiens dans ses États, et qu'elle se ruine. Un conflit d'événements change les causes de la guerre; cependant les effets continuent, quoique le motif ait cessé. La fortune change, et passe rapidement d'un parti dans l'autre; mais l'ambition et le désir de la vengeance nourrissent et entretiennent le feu de la guerre : il semble voir une partie de joueurs qui veulent avoir leur revanche, et ne quittent le jeu qu'après s'être ruinés entièrement. Si l'on demandait à un ministre anglais : Quelle raison vous oblige à prolonger la guerre? C'est que la France ne pourra plus fournir aux frais de la campagne prochaine, répondrait-il; si l'on faisait la même question à un ministre français, la réponse serait à peu près semblable. Ce qu'il y a de déplorable dans cette politique, c'est qu'elle se joue de la vie des hommes, et que le sang humain répandu avec profusion, l'est inutilement. Encore si, par la guerre, on pouvait parvenir à fixer solidement les frontières, et à maintenir cette balance de pouvoir si nécessaire entre les souverains de l'Europe; on pourrait regarder ceux qui ont péri comme des victimes sacrifiées à la tranquillité et à la sûreté publique : mais qu'on s'envie des provinces en Amérique, ne voilà-t-il pas toute l'Europe entraînée dans des partis différents, pour se battre sur mer et sur terre. Les ambitieux devraient considérer surtout que les armes et la discipline militaire étant à peu près les mêmes en Europe, et les alliances mettant pour l'ordinaire l'égalité des forces entre les parties belligérantes, tout ce que les princes peuvent attendre de leurs plus grands avantages dans le temps où nous vivons, c'est d'acquérir par des succès accumulés, ou quelque petite ville sur les frontières, ou une banlieue qui ne rapporte pas les intérêts des dépenses de la guerre, et dont la population n'approche pas du nombre des citoyens péris dans les campagnes.

Quiconque a des entrailles et envisage ces objets de sang-froid, doit être ému des maux que les hommes d'État causent aux peuples, manque d'y réfléchir, ou bien entraînés par leurs passions. La raison nous prescrit une règle sur ce sujet, dont ce me semble aucun homme d'État ne doit s'écarter : c'est de saisir l'occasion, et d'entreprendre lorsqu'elle est favorable, mais de ne point la forcer en abandonnant tout au hasard. Il y a des moments qui demandent qu'on mette toute son activité en jeu pour profiter; mais il y en a d'autres où la prudence demande qu'on reste dans l'inaction. Cette matière exige la plus profonde réflexion, parce que non seulement il faut bien examiner l'état des choses, mais qu'il faut encore prévoir toutes les suites d'une entreprise, et peser les moyens que l'on a avec ceux de ses ennemis, pour juger lesquels l'emportent dans la balance. Si la raison n'y décide pas seule, et que la passion s'en mêle, il est impossible que d'heureux succès suivent une pareille entreprise : la politique demande de la patience; et le chef-d'œuvre d'un homme habile est de faire chaque chose en son temps et à propos. L'histoire ne nous fournit que trop d'exemples de guerres légèrement entreprises : il n'y a qu'à se rappeler la vie de François Ier, et ce que Brantôme annonce[a] être le sujet de la malheureuse expédition du Milanais, où ce roi fut fait prisonnier à Pavie; il n'y a qu'à voir combien peu Charles-Quint profita de l'occasion qui se présentait à lui après la bataille de Mühlberg, de subjuguer l'Allemagne; il n'y a qu'à voir l'histoire de Frédéric V, électeur palatin, pour se convaincre de la précipitation avec laquelle il s'engagea dans une entreprise au-dessus de ses forces. Et dans nos derniers temps, qu'on se rappelle la conduite de Maximilien de Bavière, qui, dans la guerre de succession, lorsque ses États étaient, pour ainsi dire, bloqués par ses alliés, se rangea du parti des Français, pour se voir dépouiller de ses États; et plus récemment Charles XII, roi de Suède, nous fournit un exemple plus frappant encore des suites funestes que l'entêtement et la fausse conduite des souverains attirent de malheurs sur les sujets. L'histoire est l'école des princes : c'est à eux de s'instruire des fautes des siècles passés, pour les éviter, et pour apprendre qu'il faut se former un système, et le suivre pied à pied; et que celui qui a le mieux calculé sa conduite, est le seul qui peut l'emporter sur ceux qui agissent moins conséquemment que lui.

[a] *Vies des hommes illustres et grands capitaines françois.* Discours xxxe. M. l'admiral de Bonnivet.

HISTOIRE DE MON TEMPS.

CHAPITRE Ier.

INTRODUCTION.

État de la Prusse à la mort de Frédéric-Guillaume. Caractères des princes de l'Europe, de leurs ministres, de leurs généraux. Idée de leurs forces, de leurs ressources, et de leur influence dans les affaires de l'Europe. État des sciences et des beaux-arts. Ce qui donna lieu à la guerre contre la maison d'Autriche.

A la mort de Frédéric-Guillaume, roi de Prusse, les revenus de l'État ne montaient qu'à sept millions quatre cent mille écus. La population, dans toutes les provinces. pouvait aller à trois millions d'âmes.* Le feu roi avait laissé dans ses épargnes huit millions sept cent mille écus; point de dettes, les finances bien administrées, mais peu d'industrie : la balance du commerce perdait annuellement un million deux cent mille écus, qui passaient dans l'étranger. L'armée était forte de soixante et seize mille hommes,[a] dont 1740.

* C'est un nombre rond que le Roi met ici; la véritable population n'alla, en 1740, qu'à deux millions deux cent quarante mille personnes. *Note des éditeurs de* 1788.

[a] A la mort du roi Frédéric-Guillaume Ier, l'armée était forte de quatre-vingt-trois mille quatre cent soixante-huit hommes. Voyez la note du t. I, p. 175, et le *Militair-Wochenblatt.* Berlin, 1840, p. 52.

à peu près vingt-six mille étrangers; ce qui prouve que c'était un effort, et que trois millions d'habitants ne pouvaient pas fournir à recruter même cinquante mille hommes, surtout en temps de guerre. Le feu roi n'était entré en aucune alliance, pour laisser à son successeur les mains libres sur le choix le plus avantageux à ses intérêts, et pour former des alliances selon le temps et l'occasion.

L'Europe était en paix, à l'exception de l'Angleterre et de l'Espagne, qui se faisaient la guerre dans le nouveau monde pour deux oreilles anglaises que les Espagnols avaient coupées,[a] et qui dépensaient des sommes immenses pour des objets de commerce peu proportionnés aux grands efforts que faisaient ces deux nations. L'empereur Charles VI venait de faire la paix avec les Turcs à Belgrad, par la médiation de M. de Villeneufve, ministre de France à Constantinople. Par cette paix, l'Empereur cédait à l'empire ottoman le royaume de Servie, une partie de la Moldavie,[b] et l'importante ville de Belgrad. Les dernières années du règne de Charles VI avaient été si malheureuses, qu'il s'était vu dépouiller du royaume de Naples, de la Sicile, et d'une partie du Milanais, par les Français, les Espagnols, et les Sardes. Il avait de plus cédé à la France, par la paix de 1737,[c] le duché de Lorraine, que la maison du duc son gendre avait possédé de temps immémorial. Par ce traité, l'Empereur donnait des provinces; et la France, de vaines garanties, à l'exception de la Toscane, qui doit être envisagée comme une possession précaire. La France garantissait à l'Empereur une loi domestique qu'il avait publiée pour sa succession, si connue en Europe sous le nom de *pragmatique sanction.* Cette loi devait assurer à sa fille l'indivisibilité de sa succession.

On a sans doute lieu d'être surpris, en trouvant la fin du règne de Charles VI si inférieure à l'éclat qu'il jeta à son com-

[a] En 1738, on accusa les Espagnols d'avoir coupé les oreilles au matelot anglais Jenkins, comme coupable de contrebande.

[b] Aucune partie de la Moldavie ne fut cédée aux Turcs; l'Auteur veut dire *la Valachie autrichienne.*

[c] La paix préliminaire fut conclue à Vienne le 3 octobre 1735; et la paix définitive, le 18 novembre 1738.

mencement. La cause des infortunes de ce prince ne doit s'attribuer qu'à la perte du prince Eugène : après la mort de ce grand homme il n'y eut personne pour le remplacer; l'État manqua de nerf, et tomba dans la langueur et dans le dépérissement. Charles VI avait reçu de la nature les qualités qui font le bon citoyen; mais il n'en avait aucune qui faisait le grand homme : il était généreux, mais sans discernement; d'un esprit borné et sans pénétration; il avait de l'application, mais sans génie, de sorte qu'en travaillant beaucoup il faisait peu; il possédait bien le droit germanique; parlant plusieurs langues et surtout le latin, dans lequel il excellait; bon père, bon mari, mais bigot et superstitieux comme tous les princes de la maison d'Autriche. On l'avait élevé pour obéir, et non pour commander. Ses ministres l'amusaient à juger les procès du conseil aulique, à s'attacher ponctuellement aux minuties du cérémonial et de l'étiquette de la maison de Bourgogne : et, tandis qu'il s'occupait de ces bagatelles, ou que ce prince perdait son temps à la chasse, ses ministres, véritablement maîtres de l'État, disposaient de tout despotiquement.

La fortune de la maison d'Autriche avait fait passer à son service le prince Eugène de Savoie, dont nous venons de parler. Ce prince avait porté le petit collet en France: Louis XIV lui refusa un bénéfice : Eugène demanda une compagnie de dragons; il ne l'obtint pas non plus, parce qu'on méconnaissait son génie, et que les jeunes seigneurs de la cour lui avaient donné le sobriquet de *dame Claude*. Eugène, voyant que toutes les portes de la fortune lui étaient interdites, quitta sa mère, madame de Soissons, et la France, pour offrir ses services à l'empereur Léopold : il devint colonel et reçut un régiment; son mérite perça rapidement. Les services signalés qu'il rendit, et la supériorité de son mérite, l'élevèrent dans peu aux premiers grades militaires : il devint généralissime, président du conseil de guerre, et enfin premier ministre de l'empereur Charles VI. Ce prince se trouva donc chef de l'armée impériale; il gouverna non seulement les provinces autrichiennes, mais l'Empire même; et proprement il était empereur. Tant que le prince Eugène conserva la vigueur de son esprit, les armes et les négociations des Autrichiens prospérèrent : mais lorsque l'âge et les infirmités lui affaiblirent l'esprit, cette tête qui avait si longtemps travaillé pour le bien de la maison impériale, fut hors d'état de continuer ce même travail, et de lui rendre les mêmes services. Quelles réflexions humiliantes pour notre vanité! Un Condé, un Eugène, un Marlborough voient l'extinction de leur esprit précéder celle de leur corps; et les plus vastes génies finissent par l'imbécillité! Pauvres humains, ensuite glorifiez-vous si vous l'osez!

La décadence des forces du prince Eugène fut l'époque des intrigues de tous les ministres autrichiens. Le comte de Sinzendorff acquit le plus de crédit sur l'esprit de son maître. Il travaillait peu, il aimait la bonne chère : c'était l'Apicius de la cour impériale; et l'Empereur disait que les bons ragoûts de son ministre lui faisaient de mauvaises affaires. Ce ministre était haut et fier; il se croyait un Agrippa, un Mécène. Les princes de l'Empire étaient indignés de la dureté de son gouvernement; en cela bien différent du prince Eugène, qui, n'employant que la douceur, avait su mener plus sûrement le corps germanique à ses fins. Lorsque le comte de Sinzendorff fut employé au congrès de Cambrai, il crut avoir pénétré le caractère du cardinal de Fleury : le Français, plus habile que l'Allemand, le joua sous la jambe, et Sinzendorff retourna à Vienne, persuadé qu'il gouvernerait la cour de Versailles comme celle de l'Empereur.

Peu de temps après, le prince Eugène qui voyait l'Empereur toujours occupé des moyens de soutenir sa pragmatique sanction, lui dit que le seul moyen de l'assurer, était d'entretenir cent quatre-vingt mille hommes, et qu'il indiquerait les fonds pour le payement de cette augmentation, si l'Empereur y voulait consentir. Le génie de l'Empereur, subjugué par celui d'Eugène, n'osait rien lui refuser : l'augmentation de quarante mille hommes fut résolue, et bientôt l'armée se trouva complète. Les comtes de Sinzendorff et de Starhemberg, ennemis du prince Eugène, représentèrent à l'Empereur que ses pays, foulés par des contributions énormes, ne pouvaient suffire à l'entretien d'une si grosse armée, et qu'à moins de vouloir ruiner de fond en comble l'Autriche, la Bohême et les autres provinces, il fallait réformer l'augmentation. Charles VI, qui ne connaissait rien aux finances non plus qu'au pays qu'il gouvernait, se laissa entraîner par ses ministres, et licencia ces quarante mille hommes nouvellement levés, à la veille du décès d'Auguste Ier, roi de Pologne.[a]

Deux candidats se présentèrent pour occuper ce trône vacant. L'un, c'était Auguste, électeur de Saxe, fils du dernier roi de Pologne, soutenu par l'empereur des Romains, l'impératrice de Russie, l'argent et les troupes saxonnes. L'autre était Stanislas Leszczynski, appelé par les vœux des Polonais, et protégé par Louis XV, son beau-fils; mais le secours qu'il tira de la France se réduisit à quatre bataillons. Il vit la Pologne; il fut assiégé à Danzig; il ne put s'y maintenir, et renonça pour la seconde fois au triste honneur de porter le nom de roi dans une république où régnait l'anarchie.

Le comte de Sinzendorff comptait si fort sur l'esprit pacifique du cardinal de Fleury, qu'il engagea légèrement sa cour dans les troubles de la Pologne. Le plaisir de donner la couronne de Pologne, coûta à l'Empereur trois royaumes et quelques belles provinces. Déjà les Français avaient passé le Rhin, déjà ils assiégeaient Kehl, qu'à Vienne on faisait des paris sur leur inaction. Cette guerre qu'on entreprit, fut l'ouvrage de la vanité, et la paix qui s'ensuivit, celui de la faiblesse. Le nom du prince Eugène, qui en imposait encore, soutint les armes des Autrichiens sur le Rhin, les campagnes de 1734 et de 1735; et bientôt après il finit de vivre, mais trop tard pour sa gloire.

Deux emplois qui avaient été réunis par le prince Eugène, le commandement de l'armée et la présidence du conseil de guerre, furent séparés. Le comte de Harrach eut la charge de président, et Königsegg, Wallis, Seckendorff, Neipperg, Schmettau, Khevenhüller et le prince de Hildbourghausen briguèrent l'honneur dangereux de commander les armées impériales. Quelle tâche de lutter contre la réputation du prince Eugène, et de remplir une place qu'il avait si bien occupée! D'ailleurs ces généraux étaient aussi divisés entre eux que les successeurs d'Alexandre. Pour suppléer au mérite qui leur manquait, ils avaient recours à l'in-

[a] Comme électeur de Saxe, il est nommé Frédéric-Auguste Ier; mais les Polonais le désignent sous le nom d'Auguste II. Il mourut le 1er février 1733. Son successeur s'appelait en Saxe Frédéric-Auguste II; en Pologne, Auguste III. Dans ce volume, celui-là est quelquefois nommé Auguste Ier, celui-ci, Auguste II.

trigue: Seckendorff et le prince de Hildbourghausen s'appuyaient du crédit de l'Impératrice et d'un ministre, nommé Bartenstein, natif d'Alsace, de petite extraction, mais laborieux, et qui avec deux associés, Knorr et Weber, formait un triumvirat qui gouvernait alors les affaires de l'Empereur; Khevenhüller avait un parti dans le conseil de guerre, et Wallis, qui se faisait gloire de haïr et d'être haï de tout le monde, n'en avait aucun.

Les Russes étaient alors en guerre avec les Turcs. Les succès des premiers enflammaient le courage des Autrichiens : Bartenstein crut qu'on pourrait chasser les Turcs de l'Europe; Seckendorff visait au commandement de l'armée. Ces deux personnes, sous prétexte que l'Empereur devait assister les Russes, ses alliés, contre l'ennemi du nom chrétien, plongèrent la maison d'Autriche dans un abîme de malheurs.[a] Tout le monde voulait conseiller l'Empereur : ses ministres, l'Impératrice, le duc de Lorraine, chacun tracassait de son côté. Il émanait du conseil impérial chaque jour de nouveaux projets d'opérations; les cabales des grands qui se contrecarraient, et la jalousie des généraux, firent manquer toutes les entreprises. Les ordres que les généraux recevaient de la cour, se contredisaient les uns les autres, ou bien obligeaient ces généraux à des opérations impraticables. Ce désordre domestique devint plus funeste aux armes autrichiennes que la puissance des Infidèles. A Vienne on exposait le vénérable, tandis qu'on perdait des batailles en Hongrie; et l'on espérait dans les miracles de la superstition, pour réparer les fautes de la malhabileté. Seckendorff fut emprisonné à la fin de sa première campagne, à cause, disait-on, que son hérésie attirait le courroux céleste. Königsegg, après avoir commandé la seconde année, fut fait grand maître de l'Impératrice; ce qui fit dire à Wallis, qui eut le commandement la troisième année, que son premier prédécesseur avait été encoffré, le second était devenu eunuque du sérail, et qu'il lui restait d'avoir la tête tranchée. Il ne se trompa guère; car après avoir perdu la bataille de Krozka, il fut enfermé au château de Brünn. Neipperg que l'Empereur et le

[a] Voyez t. I, p. 170, et l'ouvrage intitulé *Versuch einer Lebensbeschreibung des Feldmarschalls Grafen Seckendorff.* (Sans lieu d'impression.) 1792, in-8, t. II, p. 9.

duc de Lorraine avaient instamment conjuré d'accélérer la paix, la conclut avec les Turcs à Belgrad, et, pour récompense, fut à son retour confiné au château de Glatz.[a] Ainsi la cour de Vienne, n'osant pas remonter à la cause de ses malheurs, auxquels tout ce que la cour avait de plus auguste avait contribué, pour se consoler, punissait les instruments subalternes de ses infortunes.

Après la conclusion de cette paix, l'armée autrichienne se 1739.
trouva dans un état de délabrement affreux : elle avait fait des pertes considérables à Widdin, à Mehadia, à Panczowa, au Timoc, à Krozka; l'air malsain, les eaux bourbeuses avaient occasionné des maladies contagieuses, et la proximité des Turcs lui avait communiqué la peste; elle était en même temps ruinée et découragée. Après la paix, la plus grande partie des troupes demeura en Hongrie; mais leur nombre ne passait pas quarante-trois mille combattants. Personne ne pensa à recompléter l'armée: l'Empereur n'avait d'ailleurs que seize mille hommes en Italie, douze mille au plus en Flandre, et cinq ou six régiments répandus dans les pays héréditaires. Au lieu donc que cette armée devait faire le nombre de cent soixante et quinze mille hommes, l'effectif ne montait pas à quatre-vingt-deux mille. On avait supputé, l'année 1733, que l'Empereur pouvait avoir vingt-huit millions de revenus; il en avait bien perdu depuis, et les dépenses de deux guerres consécutives l'avaient abîmé de dettes, qu'il avait peine d'acquitter avec vingt millions de revenus qui lui restaient. Outre cela, ses finances étaient dans la plus grande confusion. Une mésintelligence ouverte régnait entre ses ministres; la jalousie divisait les généraux, et l'Empereur lui-même, découragé par tant de mauvais succès, était dégoûté de la vanité des grandeurs. Cependant l'empire autrichien, malgré ses vices et ses faibles cachés, figurait encore, l'année 1740, en Europe, au nombre des puissances les plus formidables : l'on considérait ses ressources, et qu'une bonne tête y pouvait tout changer; en attendant, sa fierté suppléait à sa force, et sa gloire passée, à son humiliation présente.

Il n'en était pas de même de la France. Depuis l'année 1672

[a] Ce n'est pas à Glatz, ni, comme il est dit plus bas, à Brünn, que Neipperg fut emprisonné, mais à Raab.

ce royaume ne s'était pas trouvé dans une situation plus brillante : il devait une partie de ses avantages à la sage administration du cardinal de Fleury. Louis XIV avait placé ce cardinal, alors ancien évêque de Fréjus, en qualité de précepteur auprès de son petit-fils. Les prêtres sont aussi ambitieux que les autres hommes, et souvent plus raffinés. Après la mort du duc d'Orléans, régent du royaume, Fleury fit exiler le duc de Bourbon qui occupait cette place, pour la remplir lui-même. Il mettait plus de prudence que d'activité dans sa manière de gouverner; du lit de ses maîtresses il persécutait les jansénistes : il ne voulait que des évêques orthodoxes, et cependant, dans une grande maladie qu'il fit, il refusa les sacrements de l'Église. Richelieu et Mazarin avaient épuisé ce que la pompe et le faste peuvent donner de considération : Fleury fit, par contraste, consister sa grandeur dans la simplicité. Ce cardinal ne laissa qu'une assez mince succession à ses neveux; mais il les enrichit par d'immenses bienfaits que le Roi répandit sur eux. Ce premier ministre préférait les négociations à la guerre, parce qu'il était fort dans les intrigues, et qu'il ne savait pas commander les armées : il affectait d'être pacifique, pour devenir l'arbitre plutôt que le vainqueur des rois : hardi dans ses projets, timide dans leur exécution; économe des revenus de l'État, et doué d'un esprit d'ordre, qualités qui le rendirent utile à la France, dont les finances étaient épuisées par la guerre de succession, et par une administration vicieuse. Il négligea trop le militaire, et fit trop de cas des gens de finance : de son temps la marine était presque anéantie, et les troupes de terre, si fort négligées, qu'elles ne purent pas tendre leurs tentes la première campagne de l'année 1733. Avec quelques bonnes parties pour l'administration intérieure, ce ministre passait en Europe pour faible et fourbe, vices qu'il tenait de l'Église, où il avait été élevé. Cependant la bonne économie de ce cardinal avait procuré au royaume les moyens de se libérer d'une partie des dettes immenses contractées sous le règne de Louis XIV. Il répara les désordres de la régence; et, à force de temporiser, la France se releva du bouleversement qu'avait causé le système de Law.

Il fallait vingt années de paix à cette monarchie, pour respirer après tant de calamités. Chauvelin, sous-ministre, qui travaillait sous le Cardinal, tira le royaume de son inaction : il fit résoudre la guerre que la France entreprit l'année 1733, dont le roi Stanislas était le prétexte, mais par laquelle la France gagna la Lorraine. Les courtisans de Versailles disaient que Chauvelin avait escamoté la guerre au Cardinal, mais que le Cardinal lui avait escamoté la paix. Chauvelin, encouragé et triomphant de ce que son coup d'essai avait si bien réussi, se flatta de pouvoir devenir le premier dans l'État. Il fallait accabler celui qui l'était : il n'épargna point les calomnies pour noircir ce prélat dans l'esprit de Louis XV; mais ce prince, subordonné au Cardinal, qu'il croyait encore son précepteur, lui rendit compte de tout. Chauvelin fut la victime de son ambition. Sa place fut donnée par le Cardinal à M. Amelot, homme sans génie, auquel le premier ministre se confiait hardiment, parce qu'il n'avait pas les talents d'un homme dangereux.

La longue paix dont la France avait joui, avait interrompu dans son militaire la succession des grands généraux. M. de Villars, qui avait commandé la première campagne en Italie, était mort. MM. de Broglie, de Noailles, de Coigny étaient des hommes médiocres; Maillebois ne les surpassait pas. M. de Noailles était accusé de manquer de cet instinct belliqueux qui se confie en ses propres forces; il trouva un jour une épée pendue à sa porte, avec cette inscription : *Point homicide ne seras.* Les talents du maréchal de Saxe n'étaient pas encore développés. Le maréchal de Belle-Isle était de tous les militaires celui qui avait le plus séduit le public; on le regardait comme le soutien de la discipline militaire. Son génie était vaste; son esprit, brillant; son courage, audacieux; son métier était sa passion, mais il se livrait sans réserve à son imagination : il faisait les projets, son frère les rédigeait; on appelait le maréchal *l'imagination*, et son frère, *le bon sens.*

Depuis la paix de Vienne, la France était l'arbitre de l'Europe. Ses armées avaient triomphé en Italie comme en Allemagne. Son ministre Villeneufve avait conclu la paix de Belgrad : elle tenait la cour de Vienne, celle de Madrid et celle de Stockholm dans une espèce de dépendance. Ses forces militaires consistaient en cent quatre-vingts bataillons, chacun de six cents hommes; deux cent vingt-quatre escadrons, à cent têtes; ce qui fait le nombre de cent trente mille quatre cents combattants, outre trente-six mille hommes de milice. Sa marine était considérable; elle pouvait mettre quatre-vingts vaisseaux de différent rang en mer, y compris les frégates; et pour le service de cette flotte, on comptait jusqu'à soixante mille matelots enclassés. Les revenus du royaume montaient, l'année 1740, à soixante millions d'écus, dont on décomptait dix millions affectés au payement des intérêts des dettes de la couronne qui venaient encore de la guerre de succession. Le cardinal de Fleury appelait les fermiers généraux qui étaient à la tête de cette recette, les quarante colonnes de l'État, parce qu'il envisageait la richesse de ces traitants comme la ressource la plus sûre du royaume. L'espèce d'hommes la plus utile à la société, qu'on appelle le peuple et qui cultive les terres, était pauvre et obérée, surtout dans les provinces qu'on appelle de conquête. En revanche, le luxe et l'opulence de Paris égalait peut-être la somptuosité de l'ancienne Rome du temps de Lucullus. On comptait pour plus de dix millions d'argent orfévré, dans les maisons des particuliers de cette capitale immense. Mais les mœurs étaient dégénérées : les Français surtout habitants de Paris, étaient devenus des Sybarites amollis par la volupté et la mollesse.

Les épargnes que le Cardinal avait faites pendant son administration, furent absorbées en partie par la guerre de 1733, et en partie par la disette affreuse de l'année 1740, qui ruina les plus florissantes provinces du royaume. Des maux que Law avait faits à la France il avait résulté une espèce de bien, consistant dans la compagnie du Sud, établie au port de L'Orient; mais la supériorité des flottes anglaises ruinant à chaque guerre ce commerce, que la marine guerrière de la France ne pouvait pas protéger suffisamment, cette compagnie ne put pas à la longue se soutenir. Telle était la situation de la France l'année 1740 : respectée au dehors, pleine d'abus dans son intérieur, sous le gouvernement d'un prince faible qui s'était abandonné, lui et son royaume, à la direction du cardinal de Fleury.

Philippe V, que Louis XIV avait placé, en se ruinant, sur le trône d'Espagne, y régnait encore. Ce prince avait le malheur d'être sujet à des attaques d'une mélancolie noire, qui approchait assez de la démence : il avait abdiqué, l'année 1726,[a] en faveur de son fils Louis, et il reprit le gouvernement, l'année 1727,[a] après la mort de ce prince. Cette abdication s'était faite contre la volonté de la reine Élisabeth Farnèse, née princesse de Parme : elle aurait voulu gouverner le monde entier ; elle ne pouvait vivre que sur le trône. On l'accusa d'avoir précipité la mort de Don Louis, fils d'un premier lit de Philippe V. Les contemporains ne peuvent ni l'accuser ni la justifier de ce meurtre, parce qu'il est impossible, d'un certain éloignement, de discuter et d'approfondir des détails aussi mystérieusement cachés.

La Reine, pour empêcher le Roi de prendre désormais des dégoûts pour le trône, l'y retint en entreprenant continuellement de nouvelles guerres, soit avec les Barbaresques, soit avec les Anglais, soit avec la maison d'Autriche. La fierté d'un Spartiate, l'opiniâtreté d'un Anglais, la finesse italienne et la vivacité française, formaient le caractère de cette femme singulière : elle marchait audacieusement à l'accomplissement de ses desseins : rien ne la surprenait, rien ne pouvait l'arrêter.

Le cardinal Alberoni, si célèbre dans son temps, avait un génie ressemblant à celui de cette princesse ; il travailla longtemps sous elle. La conspiration du prince Cellamare perdit ce ministre, et la Reine fut obligée de l'exiler, pour satisfaire à la vengeance du duc d'Orléans, régent de France. Un Hollandais de nation, nommé Ripperda, remplit cette place importante : il avait de l'esprit ; cependant ses malversations furent cause qu'il ne put se soutenir longtemps. Ces changements de ministres furent imperceptibles en Espagne, parce que ces ministres n'étaient que les instruments dont la Reine se servait, et que c'était dans tous les temps sa volonté qui réglait les affaires.

L'année 1740,[b] l'Espagne sortait de la guerre d'Italie, qu'elle avait terminée glorieusement. Don Carlos, que les Anglais avaient

a Philippe V abdiqua le 15 janvier 1724, mais il reprit le pouvoir le 5 septembre de la même année, après la mort de son fils Louis, qui eut lieu le 1er août.

b 1735.

transporté en Toscane pour succéder à Cosme,[a] dernier duc de la maison de Médicis, ce Don Carlos, dis-je, était devenu roi de Naples; et François de Lorraine avait reçu cette Toscane en dédommagement de la Lorraine, que la France avait réunie à sa monarchie. Ainsi ces mêmes Anglais qui avaient combattu avec tant d'acharnement contre Philippe V, furent les promoteurs de la puissance espagnole en Italie : tant la politique change, et les idées des hommes sont variables!

Les Espagnols ne sont pas aussi riches en Europe qu'ils pourraient l'être, parce qu'ils ne sont pas laborieux. Les trésors du nouveau monde sont pour les nations étrangères qui, sous des noms espagnols, se sont approprié ce commerce : les Français, les Hollandais et les Anglais jouissent proprement du Pérou et du Mexique. L'Espagne est devenue un entrepôt d'où les richesses s'écoulent, et les plus habiles les attirent en foule. Il n'y a pas assez d'habitants en Espagne pour cultiver les terres; la police a été négligée jusqu'ici; et la superstition range ce peuple spirituel au rang des nations à demi barbares. Le Roi jouit de vingt-quatre millions d'écus de revenus; mais le gouvernement est endetté. L'Espagne entretient cinquante-cinq à soixante mille hommes de troupes réglées; sa marine peut aller à cinquante vaisseaux de ligne.

Les liens du sang qui joignent les deux maisons de Bourbon, produisent entre elles une alliance étroite : cependant la Reine se trouvait outragée de la paix de 1737, que le cardinal de Fleury avait faite à son insu; pour s'en venger, elle causait à la France tous les désagréments qui dépendaient d'elle.

Alors l'Espagne était en guerre avec l'Angleterre, qui protégeait des contrebandiers : deux oreilles anglaises coupées à un matelot de cette nation allumèrent ce feu, et les armements coûtèrent des sommes immenses aux deux nations; leur commerce en souffrit, et, comme de coutume, les marchands et les particuliers expièrent les sottises des grands. Le cardinal de Fleury n'était pas mécontent de cette guerre; il s'attendait bien à jouer le rôle de médiateur ou d'arbitre, pour augmenter les avantages du commerce de la France.

[a] Jean-Gaston.

Le Portugal ne figurait point en Europe. Don Juan n'était connu que par sa passion bizarre pour les cérémonies de l'Église. Il avait obtenu par un bref du pape le droit d'avoir un patriarche, et, par un autre bref, de dire la messe, à la consécration près. Ses plaisirs étaient des fonctions sacerdotales; ses bâtiments, des couvents; ses armées, des moines, et ses maîtresses, des religieuses.

De toutes les nations de l'Europe, l'anglaise était la plus opulente : son commerce embrassait tout le monde; ses richesses étaient excessives, ses ressources, presque inépuisables; et, pourvue de tous ces avantages, elle ne tenait pas entre les puissances le rang qui semblait lui convenir.

George II, électeur de Hanovre, gouvernait alors l'Angleterre. Il avait des vertus, du génie, mais les passions vives à l'excès; ferme dans ses résolutions, plus avare qu'économe, capable de travail, incapable de patience, violent, brave, mais gouvernant l'Angleterre par les intérêts de l'Électorat, et trop peu maître de lui-même pour diriger une nation qui fait son idole de sa liberté.

Ce prince avait pour ministre le chevalier Robert Walpole. Il captivait le Roi en lui faisant des épargnes de la liste civile, dont George grossissait son trésor de Hanovre; il maniait l'esprit de la nation par les charges et les pensions qu'il distribuait à propos pour gagner la supériorité des membres du parlement; son génie ne s'étendait pas au delà de l'Angleterre : il s'en remettait pour les affaires générales de l'Europe à la sagacité de son frère Horace. Un jour que des dames le pressaient de faire avec elles une partie de jeu, il leur répondit : « j'abandonne le jeu et l'Europe à mon frère. » Il n'entendait rien à la politique; c'est ce qui donna lieu à ses ennemis de le calomnier, en l'accusant d'être susceptible de corruption.

Malgré toutes les connaissances que Walpole avait de l'intérieur du royaume, il entreprit un projet important qui lui manqua : il voulut introduire l'accise en Angleterre.[1] Si cette tentative lui avait réussi, les sommes que cet impôt devait rapporter, auraient suffi pour rendre l'autorité du Roi despotique. La nation le sentit; elle se cabra. Des membres du parlement dirent à

[1] 1727. [1733. Voyez t. I, p. 165.]

Walpole qu'il les payait pour le courant des sottises ordinaires, mais que celle-là était au-dessus de toute corruption. Au sortir du parlement Walpole fut attaqué; on lui saisit son manteau, qu'il lâcha à temps, et il se sauva à l'aide d'un capitaine des gardes qui se trouva, pour son bonheur, dans ce tumulte. Le Roi apprit par cette expérience à respecter la liberté anglaise; l'affaire des accises tomba, et sa prudence raffermit son trône.

Ces troubles intestins empêchèrent l'Angleterre de prendre part à la guerre de 1733. Bientôt après s'alluma la guerre avec l'Espagne, malgré la cour. Des marchands de la cité produisirent devant la chambre basse des oreilles de contrebandiers anglais, que les Espagnols avaient coupées. La robe ensanglantée de César qu'Antoine étala devant le peuple romain, ne fit pas une sensation plus vive à Rome, que ces oreilles n'en causèrent à Londres. Les esprits étaient émus; ils résolurent tumultuairement la guerre : le ministre fut obligé d'y consentir. La cour ne tira d'autre parti de cette guerre que d'éloigner de Londres l'amiral Haddock, dont l'éloquence l'emportait dans la chambre basse sur les corruptions de Walpole; et le ministre, qui disait qu'il connaissait le prix de chaque Anglais, parce qu'il n'y en avait point qu'il n'eût marchandé ou corrompu, vit que ses guinées ne l'emportaient pas toujours sur la force et l'évidence du raisonnement.

L'Angleterre entretenait alors quatre-vingts vaisseaux des quatre premiers rangs, et cinquante vaisseaux d'un ordre inférieur, environ trente mille hommes de troupes de terre. Ses revenus, en temps de paix, montaient à vingt-quatre millions d'écus; elle avait, au delà, une ressource immense dans la bourse des particuliers, et dans la facilité de lever des impôts sur des sujets opulents. Elle donnait alors des subsides au Danemark, pour l'entretien de six mille hommes; à la Hesse, pour un nombre pareil; ce qui, joint à vingt-deux mille Hanovriens, lui fournissait en Allemagne un corps de trente-quatre mille hommes à sa disposition. Les amiraux Wager et Ogle avaient la réputation d'être ses meilleurs marins : pour les troupes de terre, le duc d'Argyle et mylord Stair étaient les seuls qui eussent des prétentions fondées à primer les premiers emplois, quoique ni l'un ni l'autre n'eussent jamais commandé des armées.

Le sieur Lyttelton passait pour l'orateur le plus véhément; le lord Hardwicke, pour l'homme le plus instruit; mylord Chesterfield, pour le plus spirituel; le lord Carteret, pour le politique le plus violent.

Quoique les sciences et les arts se fussent enracinés dans ce royaume, la douceur de leur commerce n'avait pas fléchi la férocité des mœurs nationales. Le caractère dur des Anglais voulait des tragédies sanglantes : ils avaient perpétué ces combats de gladiateurs qui font l'opprobre de l'humanité; ils avaient produit le grand Newton, mais aucun peintre, aucun sculpteur, ni aucun bon musicien. Pope florissait encore, et embellissait la poésie des idées mâles que lui fournissaient les Shaftesbury et les Bolingbroke. Le docteur Swift, qu'on ne peut comparer à personne, était supérieur à ses compatriotes pour le goût, et se signalait par des critiques fines des mœurs et des usages.

La ville de Londres l'emportait sur celle de Paris, en fait de population, de deux cent mille âmes. Les habitants des trois royaumes montaient proche de huit millions. L'Écosse, encore pleine de jacobites, gémissait sous le joug de l'Angleterre, et les catholiques d'Irlande se plaignaient de l'oppression sous laquelle la haute Église les tenait asservis.

A la suite de cette puissance se range la Hollande, comme une chaloupe qui suit l'impression d'un vaisseau de guerre auquel elle est attachée. Depuis l'abolition du stadhoudérat, cette république avait pris une forme aristocratique. Le grand pensionnaire, assisté du greffier, propose les affaires à l'assemblée des états généraux, donne des audiences aux ministres étrangers, et en fait le rapport au conseil. Les délibérations de ces assemblées sont lentes; le secret est mal gardé, parce qu'il faut communiquer les affaires à un trop grand nombre de députés. Les Hollandais, comme citoyens, abhorrent le stadhoudérat, qu'ils envisagent comme un acheminement à la tyrannie; et comme marchands, ils n'ont de politique que leur intérêt. Leur gouvernement, par ses principes, les rend plus propres à se défendre qu'à attaquer leurs voisins.

C'est avec une surprise mêlée d'admiration que l'on considère cette république établie sur un terrain marécageux et stérile, à moitié entourée de l'Océan, qui menace d'emporter ses digues, et de l'inonder. Une population de deux millions y jouit des richesses et de l'opulence qu'elle doit à son commerce et à des miracles de l'industrie humaine. La ville d'Amsterdam se plaignait, à la vérité, que la compagnie des Indes orientales des Danois, et celle des Français établie au port de L'Orient, portaient quelque préjudice à son commerce; ces plaintes étaient celles d'envieux. Une calamité plus réelle affligeait alors la République. Une espèce de vers qui se trouve dans les ports de l'Asie, s'était introduite dans leurs vaisseaux, puis dans le fascinage qui soutient les digues, et rongèrent les uns et les autres; ce qui mettait la Hollande dans la crainte de voir écrouler ses boulevards à la première tempête. Le conseil assemblé ne trouva d'autre remède à cette calamité que d'ordonner des jours de jeûne par tout le pays : quelque plaisant dit que le jour de jeûne aurait dû être indiqué pour les vers. Cela n'empêchait pas que l'État ne fût très-riche; il avait des dettes qui dataient encore de la guerre de succession, et qui, au lieu d'affaiblir le crédit de la nation, l'augmentaient plutôt. Le pensionnaire van der Heim, qui gouvernait la Hollande, passait pour un homme ordinaire; flegmatique, circonspect, même timide, mais attaché à l'Angleterre par la crainte de la France, la coutume et la religion.

La République pouvait avoir douze millions d'écus de revenus, sans compter les ressources de son crédit; elle pouvait mettre en mer quarante vaisseaux de guerre; elle entretenait trente mille hommes de troupes réglées, qui servaient principalement à la garde de ses barrières, comme cela avait été déterminé par la paix d'Utrecht : mais son militaire n'était plus comme autrefois l'école des héros. Depuis la bataille de Malplaquet, où les Hollandais perdirent la fleur de leurs troupes et la pépinière de leurs officiers, et depuis l'abolition du stadhoudérat, leurs troupes s'avilirent manque de discipline et de considération; elles n'avaient plus de généraux capables du commandement : une paix de vingt-huit années avait emporté les vieux officiers, et l'on avait négligé d'en former de nouveaux. Le jeune prince d'Orange, Guillaume de Nassau, se flattait qu'étant de la famille des stadhouders, il pourrait parvenir au même emploi. Cependant il n'avait qu'un petit parti dans la province de Gueldre, et les républicains zélés lui étaient tous opposés : son esprit caustique et satirique lui avait fait des ennemis, et l'occasion lui avait manqué de pouvoir développer ses talents. Dans cette situation, la république de Hollande était ménagée par ses voisins, peu considérée pour son influence dans les affaires générales; elle était pacifique par principe, et guerrière par accident.

Si nous portons de la Hollande nos regards vers le Nord, nous y trouvons le Danemark et la Suède, royaumes à peu près égaux en puissance, mais moins célèbres qu'ils ne l'avaient été autrefois.

Sous le règne de Frédéric V,[a] le Danemark avait usurpé le Schleswig sur la maison de Holstein; sous le règne de Christian IV,[b] on voulait conquérir le royaume des cieux. La Reine, Madeleine de Baireuth, se servait de la bigoterie pour que ce frein sacré empêchât son mari de lui faire des infidélités; et le Roi, devenu zélateur outré de Luther, avait, par son exemple, entraîné toute sa cour dans le fanatisme. Un prince dont l'imagination est frappée de la Jérusalem céleste, dédaigne les fanges de la terre; les soins des affaires sont pris pour des moments perdus, les axiomes de la politique, pour des cas de conscience; les règles de l'Évangile deviennent son code militaire, et les intrigues des prêtres influent dans les délibérations de l'État. Depuis le pieux Énée, depuis les croisades de saint Louis, nous ne voyons dans l'histoire aucun exemple de héros dévots. Mahomet, loin d'être dévot, n'était qu'un fourbe qui se servait de la religion pour établir son empire et sa domination.

Le Roi entretient trente-six mille hommes de troupes réglées; il achète les recrues en Allemagne, et vend ces troupes à la puissance qui le paye le mieux : il peut rassembler trente mille miliciens, dont ceux de la Norwége passent pour les meilleurs. La marine danoise est composée de vingt-sept vaisseaux de ligne et de trente-trois d'un ordre inférieur : cette marine est la partie de l'administration de ce pays la plus perfectionnée; tous les connaisseurs en font l'éloge. Les revenus du Danemark ne passent pas cinq millions six cent mille écus. Cette puissance était alors

a Frédéric IV.
b Christian VI.

aux gages des Anglais, qui lui payaient un subside de cent cinquante mille écus pour la solde de six mille hommes.

Les hommes de génie sont plus rares en Danemark que partout ailleurs. Le prince de Culmbach-Baireuth [a] commandait les troupes de terre : ni lui ni les autres généraux au service de cette puissance, ne méritent d'article dans ces mémoires. M. Schulin, ministre de ce prince, doit être rangé dans la même catégorie; il n'avait de mérite que de se vendre à propos, lui et son maître, à qui voulait mieux le payer. Il résulte de ce que nous venons d'exposer, que le Danemark doit être compté au nombre des puissances du second ordre, et comme un accessoire qui, se rangeant d'un parti, peut ajouter un grain à la balance des pouvoirs.

Si de là vous passez en Suède, vous ne trouverez rien de commun entre ces deux royaumes, sinon l'avidité de tirer des subsides. Le gouvernement suédois est un mélange de l'aristocratie, de la démocratie et du gouvernement monarchique, entre lesquels les deux premiers genres prévalent. La diète générale des états se rassemble tous les trois ans. On élit un maréchal, lequel a la plus grande influence dans les délibérations. Si les voix sont partagées, le Roi, qui en a deux, décide de l'affaire : il choisit de trois candidats qu'on lui propose, celui qu'il veut, pour remplir les places vacantes. La diète élit un comité secret, composé de cent membres tirés de la noblesse, du clergé, des bourgeois, et des paysans; il examine la conduite que le Roi et le sénat ont tenue dans l'intervalle des diètes, et il donne au sénat des instructions qui embrassent les affaires intérieures comme les étrangères.

La reine Ulrique, sœur de Charles XII, avait remis les rênes du gouvernement entre les mains de son époux Frédéric de Hesse. Ce nouveau roi respecta scrupuleusement les droits de la nation; il considérait son poste à peu près comme un vieux lieutenant-colonel invalide regarde un petit gouvernement qui lui procure une retraite honorable. Avant d'épouser la reine Ulrique, ce prince perdit la bataille de Mont-Cassel [b] en Lombardie, pour

[a] Le prince Frédéric-Ernest de Culmbach ou de Baireuth était le frère cadet de la reine Sophie-Madeleine de Danemark.

[b] Il n'y a eu de combat de Mont-Cassel que celui de Mont-Cassel en Flandre, où le maréchal duc de Luxembourg vainquit le prince d'Orange, le

donner à son père, qui se trouvait dans son armée, le spectacle d'un combat.

Le comte Oxenstjerna avait été chancelier du royaume; il fut déplacé par le comte de Gyllenborg. Ce comte s'était attaché les officiers, ce qui lui donnait un parti considérable en Suède; il désirait la guerre, se flattant de relever sa nation par quelque conquête. La France désirait encore plus de se servir des Suédois, espérant d'abaisser par eux la fierté russienne, et de venger ainsi les affronts que son ambassadeur Monti, fait prisonnier à Danzig, avait essuyés à Pétersbourg: dans cette vue, la France payait à la Suède un subside annuel de trois cent mille écus, qui ne l'engageait cependant à aucune hostilité.

La Suède n'était plus ce qu'elle avait été autrefois. Les neuf dernières années du règne de Charles XII avaient été signalées par des malheurs. Ce royaume avait perdu la Livonie, un grand morceau de la Poméranie, et les duchés de Brême et de Verden. Ce démembrement la privait de revenus, de soldats et de grains que précédemment elle retirait de ces provinces: la Livonie était son magasin d'abondance. Quoique la Suède ne contienne qu'environ deux millions d'âmes, son sol stérile, et quantité de montagnes arides dont elle est couverte, ne lui fournissaient pas même de quoi nourrir cette faible population; la cession de la Livonie la réduisit aux abois. Les Suédois révéraient cependant, quelques malheurs qu'ils eussent essuyés, la mémoire de Charles XII; et, par une suite assez ordinaire des contradictions de l'esprit humain, ils l'outragèrent après sa mort, en punissant Görtz du dernier supplice, comme si le ministre était coupable des fautes de son maître.

Les revenus de ce royaume montaient approchant à quatre millions d'écus; il n'entretenait que sept mille hommes de troupes réglées, et trente-trois mille de milice étaient payés d'un fonds différent. On avait donné, du temps de Charles XI, des terres à cultiver à ce nombre de paysans qui étaient en même temps militaires, obligés de s'assembler les dimanches pour faire l'exercice, de combattre pour la défense du pays; mais lorsque la Suède

11 avril 1677. Le Roi veut parler de la victoire remportée par le comte de Médavi sur le prince de Hesse, près de Castiglione, le 9 septembre 1706.

faisait agir ces troupes au delà de ses frontières, il fallait les solder du trésor public. Ses ports contenaient vingt-quatre vaisseaux de ligne et trente-six frégates. Une longue paix avait rendu leurs soldats paysans; leurs meilleurs généraux étaient morts; les Buddenbrock et les Lewenhaupt n'étaient pas comparables aux Rehnsköld; mais un instinct belliqueux animait encore cette nation, et il ne lui manquait qu'un peu de discipline et de bons conducteurs : c'est le pays de Pharasmane qui ne produit que du fer et des soldats.[a]

De toutes les nations de l'Europe, la suédoise est la plus pauvre. L'or et l'argent, j'en excepte les subsides, y est aussi peu connu qu'à Sparte : de grandes plaques de cuivre timbrées leur tiennent lieu de monnaie: et, pour éviter l'incommodité du transport de ces masses lourdes, on y avait substitué le papier. L'exportation de ce royaume se borne au cuivre, au fer et au bois; mais, dans la balance du commerce, la Suède perd annuellement cinq cent mille écus, à cause que ses besoins surpassent ses exportations. Le climat rigoureux où elle est située, lui interdit toute industrie; sa laine grossière ne produit que des draps propres à vêtir le bas peuple. Les plus beaux édifices de Stockholm, et les meilleurs palais que les seigneurs aient dans leurs terres, datent de la guerre de trente ans.

Ce royaume était effectivement gouverné par un triumvirat, composé des comtes Thuro Bjelke, Ekeblad et Rosen. La Suède conservait encore, sous la forme du gouvernement républicain, la fierté de ses temps monarchiques : un Suédois se croyait supérieur au citoyen de toute autre nation. Le génie des Gustave-Adolphe et des Charles XII avait laissé des impressions si profondes dans l'esprit des peuples, que ni les vicissitudes de la fortune, ni le temps n'avaient pu les effacer. La Suède éprouva le sort de tout État monarchique qui se change en républicain, de devenir faible. L'amour de la gloire se changea en esprit d'in-

[a] Pharasmane, roi d'Ibérie, dans la tragédie de Crébillon intitulée *Rhadamiste et Zénobie* (acte II, scène 2), s'exprime ainsi :

« Mon palais, tout ici n'a qu'un faste sauvage :
« La nature, marâtre en ces affreux climats,
« Ne produit, au lieu d'or, que du fer, des soldats. »

trigue; le désintéressement, en avidité; le bien public fut sacrifié au bien personnel; les corruptions allèrent au point que tantôt le parti français, tantôt la faction russe l'emportait dans les diètes; mais personne n'y tenait le parti national. Avec ces défauts, les Suédois avaient conservé l'esprit de conquête, directement opposé à l'esprit républicain, qui doit être pacifique, s'il veut conserver la forme du gouvernement établi. Ce royaume, tel que nous venons de le représenter, ne pouvait avoir qu'une faible influence dans les affaires générales de l'Europe; aussi avait-il perdu beaucoup de sa considération.

La Suède a pour voisine une puissance des plus redoutables. Depuis le septentrion, en prenant de la mer Glaciale jusqu'aux bords de la mer Noire, et de la Samogitie jusqu'aux frontières de la Chine, s'étend le terrain immense qui forme l'empire de Russie; ce qui produit huit cents milles d'Allemagne en longueur, sur trois ou quatre cents en largeur. Cet État, jadis barbare, avait été ignoré en Europe avant le czar Iwan Basilide. Pierre Ier, pour policer cette nation, travailla sur elle comme de l'eau forte sur le fer: il fut et le législateur et le fondateur de ce vaste empire; il créa des hommes, des soldats et des ministres; il fonda la ville de Pétersbourg; il établit une marine considérable, et parvint à faire respecter sa nation et ses talents singuliers à l'Europe entière.

Anne Iwanowna,[2] nièce de Pierre Ier, gouvernait alors ce vaste empire : elle avait succédé à Pierre II, fils du premier empereur. Le règne d'Anne fut marqué par une foule d'événements mémorables, et par quelques grands hommes dont elle eut l'habileté de se servir. Ses armes donnèrent un roi à la Pologne. Elle envoya,[3] au secours de l'empereur Charles VI, dix mille Russes au bord du Rhin, pays où cette nation avait été peu connue. La guerre qu'elle fit aux Turcs, fut un cours de prospérités et de triomphes; et lorsque l'empereur Charles VI envoyait solliciter la paix jusqu'au camp des Turcs, elle dictait des lois à l'empire ottoman. Elle protégea les sciences dans sa résidence; elle envoya même des savants à Kamtschatka, pour trouver une route plus abrégée qui favorisât le commerce des Moscovites avec les Chinois.

[2] 1740.

[3] 1735.

Cette princesse avait des qualités qui la rendaient digne du rang qu'elle occupait : elle avait de l'élévation dans l'âme, de la fermeté dans l'esprit; libérale dans ses récompenses, sévère dans ses châtiments, bonne par tempérament, voluptueuse sans désordre.

Elle avait fait duc de Courlande Biron, son favori et son ministre. Les gentilshommes ses compatriotes lui disputaient jusqu'à l'ancienneté de sa noblesse. Il était le seul qui eût un ascendant marqué sur l'esprit de l'Impératrice; il était, de son naturel, vain, grossier et cruel, mais ferme dans les affaires, ne se refusant point aux entreprises les plus vastes. Son ambition voulait porter le nom de sa maîtresse jusques au bout du monde; d'ailleurs aussi avare pour amasser, que prodigue en ses dépenses; ayant quelques qualités utiles, sans en avoir de bonnes ni d'agréables.

L'expérience avait formé sous le règne de Pierre Ier un homme fait pour soutenir le poids du gouvernement sous les successeurs de ce prince. C'était le comte d'Ostermann; il conduisit en pilote habile, dans l'orage des révolutions, le gouvernail de l'État d'une main toujours sûre. Il était originaire du comté de la Mark en Westphalie, d'une extraction obscure; mais les talents sont distribués par la nature sans égard aux généalogies. Ce ministre connaissait la Moscovie, comme Verney, le corps humain; circonspect ou hardi, selon que le demandaient les circonstances, et renonçant aux intrigues de la cour pour se conserver la direction des affaires. On pouvait compter, outre le comte Ostermann, le comte Löwenwolde et le vieux comte Golowkin du nombre des ministres dont la Russie pouvait tirer parti.

Le comte de Münnich, qui du service de Saxe avait passé à celui de Pierre Ier, était à la tête de l'armée russe. C'était le prince Eugène des Moscovites; il avait les vertus et les vices des grands généraux : habile, entreprenant, heureux; mais fier, superbe, ambitieux, et quelquefois trop despotique, et sacrifiant la vie de ses soldats à sa réputation. Lacy, Keith, Löwendal, et d'autres habiles généraux, se formaient dans son école. Le gouvernement entretenait alors dix mille hommes de gardes; cent bataillons, qui faisaient le nombre de soixante mille hommes; vingt mille dragons; deux mille cuirassiers; ce qui montait au nombre de quatre-vingt-douze mille hommes de troupes réglées; trente mille de milice, et autant de Cosaques, de Tartares et de Calmouks qu'on voulait assembler : de sorte que cette puissance pouvait mettre, sans faire d'efforts, cent soixante-dix mille hommes en campagne. La flotte russienne était évaluée alors à douze vaisseaux de ligne, vingt-six vaisseaux d'un ordre inférieur, et quarante galères.

Les revenus de l'empire montaient à quatorze ou quinze millions d'écus. La somme paraît modique, en la comparant à son étendue immense; mais tout y est à bon marché. La denrée la plus nécessaire aux souverains, les soldats, ne coûtent pas pour leur entretien la moitié de ce que payent les autres puissances de l'Europe : le soldat russe ne reçoit que huit roubles par an, et des vivres qui s'achètent à vil prix. Ces vivres donnent lieu à ces équipages énormes qu'ils traînent après leurs armées : dans la campagne que le maréchal Münnich fit l'année 1737 contre les Turcs, on comptait dans son armée autant de chariots que de combattants.

Pierre Ier avait formé un projet que jamais prince avant lui n'avait conçu : au lieu que les conquérants ne s'occupent qu'à étendre leurs frontières, il voulait resserrer les siennes. La raison en était que ses États étaient mal peuplés, en comparaison de leur vaste étendue. Il voulait rassembler entre Pétersbourg, Moscou, Kasan et l'Ukraine, les douze millions d'habitants éparpillés dans cet empire, pour bien peupler et cultiver cette partie, qui serait devenue d'une défense aisée par les déserts qui l'auraient environnée, et séparée des Persans, des Turcs et des Tartares. Ce projet, comme beaucoup d'autres, avorta par la mort de ce grand homme.

Le Czar n'avait eu le temps que d'ébaucher le commerce. Sous l'impératrice Anne, la flotte marchande des Russes ne pouvait entrer en aucune comparaison avec celles des puissances du Sud. Cependant tout annonce à cet empire que sa population, ses forces, ses richesses et son commerce, feront les progrès les plus considérables. L'esprit de la nation est un mélange de défiance et de fourberie; paresseux, mais intéressés, ils ont l'adresse de copier, mais non le génie de l'invention. Les grands sont factieux; les gardes, redoutables aux souverains; le peuple est stupide, ivrogne, superstitieux et malheureux. L'état des choses, tel que nous venons de le rapporter, a sans doute empêché que jusqu'ici l'Académie des Sciences n'ait fait des élèves moscovites.

Depuis les désastres de Charles XII et l'établissement d'Auguste de Saxe en Pologne, depuis les victoires du maréchal Münnich sur les Turcs, les Russes étaient réellement les arbitres du Nord: ils étaient si redoutables, que personne ne pouvait gagner en les attaquant, y ayant des espèces de déserts à traverser pour les atteindre, et qu'il y avait tout à perdre, en se réduisant même à la guerre défensive, s'ils venaient vous attaquer. Ce qui leur donne cet avantage, c'est le nombre de Tartares, Cosaques et Calmouks qu'ils ont dans leurs armées. Ces hordes vagabondes de pillards et d'incendiaires, sont capables de détruire par leurs incursions les provinces les plus florissantes, sans que leur armée même y mette le pied. Tous leurs voisins, pour éviter ces dévastations, les ménageaient; et les Russes envisageaient l'alliance qu'ils contractaient avec d'autres peuples, comme une protection qu'ils accordaient à leurs clients.

L'influence de la Russie s'étendait plus directement sur la Pologne que sur ses autres voisins: cette république fut forcée, après la mort d'Auguste Ier, d'élire Auguste II, pour le placer sur le trône que son père avait occupé. La nation était pour Stanislas; mais les troupes russes firent changer les vœux de la nation à leur gré. Ce royaume est dans une anarchie perpétuelle : les grandes familles sont toutes divisées d'intérêt; ils préfèrent leurs avantages au bien public, et ne se réunissent qu'en usant de la même dureté, pour opprimer leurs sujets, qu'ils traitent moins en hommes qu'en bêtes de somme. Les Polonais sont vains; hauts dans la fortune, rampants dans l'adversité; capables des plus grandes infamies pour amasser de l'argent, qu'ils jettent aussitôt par les fenêtres lorsqu'ils l'ont; frivoles, sans jugement, capables de prendre et de quitter un parti sans raison, et de se précipiter, par l'inconséquence de leur conduite, dans les plus mauvaises affaires : ils ont des lois; mais personne ne les observe, faute de justice coërcitive. La cour voit grossir son parti lorsque beaucoup de charges viennent à vaquer : le Roi a le privilége d'en disposer, et de faire, à chaque gratification, de nouveaux ingrats. La diète s'assemble tous les trois ans, soit à Grodno, soit à Varsovie. La cour met sa politique à faire tomber l'élection du maréchal de la diète sur un sujet qui lui est dévoué. Malgré ses soins, durant le règne d'Auguste II il n'y a eu que la diète de pacification qui ait tenu. Cela ne peut manquer d'arriver ainsi, puisqu'un seul député dans les assemblées, qui s'oppose à leurs délibérations, rompt la diète : c'est le *veto* des anciens tribuns de Rome.

Les principales familles de la Pologne étaient alors les Czartoryski, les Potocki, les Tarlo, les Lubomirski. L'esprit est tombé en quenouille dans ce royaume : les femmes font les intrigues; elles disposent de tout, tandis que leurs maris s'enivrent.

La Pologne a beaucoup de productions, et n'a pas assez de consommateurs à proportion, parce que la fertilité du pays passe de beaucoup le nombre de ses habitants. Ils n'ont de villes que Varsovie, Cracovie, Danzig et Léopol; les autres feraient de mauvais villages en tout autre pays. Comme la République manque entièrement de manufactures, le surplus du blé de la consommation monte seul à deux cent mille winspels; ajoutez-y le bois, la potasse, les peaux, les bestiaux et les chevaux dont ils fournissent leurs voisins. Tant de branches d'exportation leur rendent la balance du commerce avantageuse. Les villes de Breslau, Leipzig, Danzig, Francfort et Königsberg leur vendent leurs marchandises, gagnent sur les denrées qu'elles tirent de ce royaume, et font payer chèrement à ce peuple grossier le prix de leur industrie.

La Pologne entretient vingt-quatre mille hommes effectifs de mauvaises troupes; elle peut rassembler, dans des cas pressants, son arrière-ban, connu sous le nom de la Pospolite Ruszenie : cependant ce fut en vain qu'Auguste Ier le convoqua contre Charles XII. Il résulte de cet exposé qu'il était facile à la Russie, sous un gouvernement plus perfectionné, de profiter de la faiblesse de ce pays voisin, et de gagner un ascendant supérieur sur un État aussi arriéré. Les revenus du roi ne passent pas un million d'écus. Les rois saxons en employaient la plus grande partie en corruptions, dans l'espérance de perpétuer le gouvernement dans leur famille, et de rendre avec le temps ce royaume monarchique.

Auguste II était doux par paresse, prodigue par vanité; incapable de toute idée qui demande des combinaisons; soumis sans religion à son confesseur, et sans amour à la volonté de son épouse; ajoutons son penchant aux directions de son favori, le comte de Brühl. Le plus grand obstacle que l'on eût à vaincre pour le placer sur le trône de la Pologne, ce fut son indolence. La reine son épouse était fille de l'empereur Joseph, et sœur de l'électrice de Bavière. Tisiphone et Alecto pouvaient passer pour des beautés, en comparaison d'elle. Le fond de son esprit était acariâtre; la hauteur et la superstition faisaient son caractère. Elle aurait voulu rendre la Saxe catholique; mais ce n'était pas l'ouvrage d'un jour.

Le comte Brühl et Hennicke étaient les ministres de la Saxe. Le premier avait été page, le second, laquais. Brühl avait été attaché au premier roi; il fut le principal instrument qui ouvrit le chemin du trône à Auguste II : en reconnaissance, ce prince l'associa à la faveur de Sulkowski, son favori d'alors. La concurrence excite la jalousie; aussi s'alluma-t-elle bientôt entre ces deux rivaux. Sulkowski avait dressé un projet suivant lequel Auguste devait s'emparer de la Bohême, après la mort de l'empereur Charles VI, comme d'une succession qui lui revenait par les droits de son épouse, en qualité de fille de l'empereur Joseph, l'aîné des deux frères, dont par conséquent la fille devait succéder préférablement à celle de son frère cadet. Le Roi commençait à goûter ce plan. Brühl, pour perdre son rival, eut la perfidie de communiquer son projet à la cour de Vienne, qui travailla conjointement avec lui pour faire exiler l'auteur d'une entreprise qui lui était si contraire : mais, par cette démarche, Brühl fut comme enchaîné aux intérêts de la nouvelle maison d'Autriche. Ce ministre ne connaissait que les finesses et les ruses qui font la politique des petits princes; double, faux, et capable des actions les plus infâmes pour se soutenir. C'était l'homme de ce siècle qui avait le plus d'habits, de montres, de dentelles, de bottes, de souliers et de pantoufles : César l'aurait rangé dans le nombre des têtes si bien frisées et si bien parfumées qu'il ne craignait guère. Il fallait un prince tel qu'Auguste II, pour qu'un homme du genre de Brühl pût jouer le rôle de premier ministre.

Les généraux saxons n'étaient pas les premiers hommes de guerre qu'il y eût en Europe. Le duc de Weissenfels avait de la valeur, mais pas assez de génie. Rutowski, bâtard du roi Auguste Ier, s'était distingué à l'affaire du Timoc; mais il était trop épicurien et trop indolent pour le commandement. La Saxe avait quelques gens d'esprit, que la jalousie de Brühl éloignait des affaires; cette cour était bien servie par ses espions, et mal par ses ministres. Elle était si fort dépendante de la Russie, qu'elle n'osait contracter d'engagement sans la permission de cette puissance; alors la Russie, la cour de Vienne, l'Angleterre et la Saxe étaient alliées.

La Saxe est une des provinces les plus opulentes de l'Allemagne : elle doit cet avantage à la bonté de son sol, et à l'industrie de ses sujets, qui rendent leurs fabriques florissantes. Le souverain en retirait six millions de revenus, dont on décomptait un million cinq cent mille écus employés à l'acquit des dettes auxquelles les deux élections de Pologne avaient donné lieu. L'Électeur entretenait vingt-quatre mille hommes de troupes réglées, et le pays pouvait encore lui fournir une milice de huit mille hommes.

Après l'électeur de Saxe, l'électeur de Bavière est un des plus puissants princes d'Allemagne. Charles régnait alors. Son père, Maximilien, embrassa le parti de la France dans la guerre de succession, et perdit avec la bataille de Höchstädt ses États et ses enfants; Charles même fut élevé à Vienne dans la captivité. Ce prince, en succédant à son père, ne trouva que des malheurs à réparer. Il était doux, bienfaisant, peut-être trop facile. Le comte Törring était à la fois son premier ministre et son général, et peut-être également incapable de ces deux emplois.

La Bavière rapporte cinq millions, dont un million, à peu près, sert, comme en Saxe, pour payer les vieilles dettes. La France donnait alors à l'Électeur un subside de trois cent mille écus. La Bavière est le pays de l'Allemagne le plus fertile, et où il y a le moins d'esprit : c'est le paradis terrestre habité par des bêtes. Les troupes de l'Électeur étaient délabrées : de six mille hommes qu'il avait envoyés en Hongrie au service de l'Empereur, il n'en était pas revenu la moitié; tout ce que la Bavière pouvait mettre en campagne, ne passait pas douze mille hommes.

L'électeur de Cologne, frère de celui de Bavière, avait mis sur sa tête le plus de mitres qu'il avait pu s'approprier. Il était électeur de Cologne, évêque de Münster, de Paderborn, d'Osnabrück, et de plus grand maître de l'ordre Teutonique; il entretenait huit à douze mille hommes, dont il trafiquait comme un bouvier avec ses bestiaux : alors il s'était vendu à la maison d'Autriche.

L'électeur de Mayence, doyen du collége électoral, n'a pas les ressources de celui de Cologne : celui de Trèves est le plus mal partagé de tous. Le baron[a] d'Eltz, alors électeur de Mayence, passait pour bon citoyen, honnête homme, et attaché à sa patrie. Comme il était sans passions et sans préjugés, il ne se livrait pas aveuglément aux caprices de la cour de Vienne : l'électeur de Trèves ne savait que ramper.

L'Électeur palatin ne jouait pas un grand rôle; il avait soutenu la neutralité dans la guerre de 1733, et son pays souffrit des désordres que les deux armées y commirent. Il entretient huit à dix mille hommes; il a deux forteresses, Mannheim et Düsseldorf, mais il manque de soldats pour les défendre. Le reste des ducs, des princes, et des États de l'Empire, étaient gouvernés par la cour impériale avec un sceptre de fer : les faibles étaient esclaves; les puissants étaient libres.

Dans ce temps, le duc de Mecklenbourg avait un séquestre : les commissaires de la cour de Vienne fomentaient la désunion entre le duc et ses états, et consumaient les uns et les autres. Les petits princes portaient le joug, faute de pouvoir le secouer; leurs ministres, qui étaient gagés et titrés par les Empereurs, assujettissaient leurs maîtres au despotisme autrichien.

Le corps germanique est puissant, si vous considérez le nombre de rois, d'électeurs et de princes qui le composent : il est faible, si vous examinez les intérêts opposés qui le divisent. Les diètes de Ratisbonne ne sont qu'une espèce de fantôme qui rappelle la mémoire de ce qu'elles étaient jadis. C'est une assemblée de publicistes plus attachés aux formes qu'aux choses. Un ministre qu'un souverain envoie à cette assemblée, est l'équivalent d'un mâtin de basse-cour qui aboie à la lune. S'il est question de

[a] Le comte d'Eltz.

faire la guerre, la cour impériale sait confondre habilement sa querelle particulière avec les intérêts de l'Empire, pour faire servir les forces germaniques d'instrument à ses vues ambitieuses. Les religions différentes tolérées en Allemagne, n'y causent plus des convulsions violentes comme autrefois; les partis subsistent, mais le zèle s'est attiédi. Beaucoup de politiques s'étonnent qu'un gouvernement aussi singulier que celui de l'Allemagne ait pu subsister si longtemps; et, par un jugement peu éclairé, ils attribuent sa durée au flegme national. Ce n'est point cela. Les Empereurs étaient électifs, et, depuis l'extinction de la race de Charlemagne, on voit toujours des princes d'une famille différente élevés à cette dignité; ils avaient des querelles avec leurs voisins; ils eurent ce fameux démêlé avec les papes, touchant l'investiture des évêques avec la crosse et l'anneau; ils étaient obligés de se faire couronner à Rome : c'étaient autant d'entraves qui les empêchaient d'établir le despotisme dans l'Empire. D'autre part, les électeurs, quelques princes et quelques évêques, étaient assez forts, en se réunissant, pour s'opposer à l'ambition des Empereurs; mais ils ne l'étaient pas assez pour changer la forme du gouvernement. Depuis que la couronne impériale se perpétua dans la maison d'Autriche, le danger d'un despotisme devint plus apparent. Charles-Quint, après la bataille de Mühlberg, put se rendre souverain; il négligea le moment, et lorsque les Ferdinands, ses successeurs, voulurent tenter cette entreprise, la jalousie des Français et des Suédois, qui s'y opposèrent, leur fit manquer leur projet; et pour le gros des princes de l'Empire, l'équilibre réciproque et une envie mutuelle les empêchent de s'agrandir.

En allant au midi de l'Allemagne, vers l'occident, on trouve cette république singulière en quelque manière annexée au corps germanique, en quelque manière libre. La Suisse, depuis le temps de César, avait conservé sa liberté, à l'exception d'un court espace où la maison d'Habsbourg l'avait subjuguée. Elle ne porta pas longtemps ce joug; les empereurs autrichiens tentèrent vainement, à différentes reprises, de subjuguer ces montagnards belliqueux : l'amour de la liberté et leurs rochers escarpés les défendent contre l'ambition de leurs voisins. Durant la guerre de la succession d'Espagne, le comte du Luc, ambassadeur de France, y suscita, sous le prétexte de la religion, une guerre intestine pour empêcher cette république de se mêler des troubles de l'Europe. Tous les deux ans, les treize cantons tiennent une diète générale, où préside alternativement un schultheiss de Berne ou de Zürich. Le canton de Berne joue dans cette république le rôle de la ville d'Amsterdam dans la république de Hollande : il y jouit d'une prépondérance décidée. Les deux tiers de la Suisse sont de la religion réformée; le reste est catholique. Ces réformés, par leur rigidité, ressemblent aux presbytériens de l'Angleterre; et les catholiques, à ce que l'Espagne produit de plus fanatique. La sagesse de ce gouvernement consiste en ce que les peuples n'y étant pas foulés, sont aussi heureux que le comporte leur état, et que, ne s'écartant jamais des principes de la modération, ils se sont toujours conservés indépendants par leur sagesse. Cette république peut rassembler sans effort cent mille hommes pour sa défense, et elle a accumulé assez de richesses pour soudoyer pendant trois années ce nombre de ses défenseurs. Tant d'arrangements sages et estimables semblent avilis par l'usage barbare de vendre leurs sujets à qui veut les payer : d'où il résulte que les Suisses d'un même canton au service de France font la guerre à leurs proches au service de Hollande; mais qu'y a-t-il de parfait au monde?

Si de là nous descendons en Italie, nous trouvons cet ancien empire romain divisé en autant de parties que l'ambition des princes a pu la démembrer. La Lombardie est partagée entre les Vénitiens, les Autrichiens, les Savoyards et les Génois. De ces possessions, celles du roi de Sardaigne paraissent les plus considérables. Victor-Amédée[a] sortait alors de la guerre qu'il avait soutenue contre la maison d'Autriche, par laquelle il avait écorné une partie du Milanais. Ses États lui rapportaient environ cinq millions de revenus, avec lesquels il entretenait en temps de paix trente mille hommes, qu'il pouvait augmenter à quarante mille en temps de guerre. Victor-Amédée[a] passait en Italie, parmi les connaisseurs, pour un prince versé dans la politique, et bien éclairé sur ses intérêts. Son ministre, le marquis d'Ormea, avait la réputation de n'avoir pas mal profité dans l'école de Machiavel.

[a] Charles-Emmanuel.

La politique de cet État consistait à tenir la balance entre la maison d'Autriche et les deux branches de la maison de Bourbon, afin de se ménager par cet équilibre les moyens d'étendre et d'augmenter ses possessions. Charles-Emmanuel[a] avait souvent dit : « Mon fils, le Milanais est comme un artichaut; il faut le manger feuille par feuille. » Dans ce temps, le roi de Sardaigne, indisposé contre les Bourbons de la paix de 1737 que le cardinal de Fleury avait conclue à son insu, penchait plus pour la maison d'Autriche.

Le reste de la Lombardie était partagé comme nous l'avons dit. L'Empereur y possédait le Milanais, le Mantouan, le Pavesan, le Plaisantin, et on avait établi en Toscane son beau-fils le duc de Lorraine. La république de Gênes, située à l'occident de la Savoie, était encore fameuse par sa banque, par un reste de commerce, et par ses beaux palais de marbre. La Corse s'était révoltée contre elle. La première rébellion fut apaisée par les troupes que l'Empereur y envoya l'année 1732; la seconde, par les Français sous le commandement du comte de Maillebois : mais ces secours étrangers étouffèrent bien le feu pour un temps, sans pouvoir l'éteindre tout à fait.

Venise, située du côté de l'orient, est plus considérable que Gênes. Cette superbe cité s'élève sur soixante-douze îles, qui contiennent deux cent mille habitants; elle est gouvernée par un conseil, à la tête duquel est un doge soumis à la ridicule cérémonie de se marier tous les ans avec la mer Adriatique. Au XVIIe siècle, la République perdit l'île de Candie; et, alliée des Autrichiens au XVIIIe siècle, lorsque le grand Eugène conquit Belgrad et Témeswar, elle perdit la Morée. Venise a des vaisseaux, sans qu'ils soient assez nombreux pour former une flotte. Elle entretient quinze mille hommes de troupes de terre; le général qui les commande, est ce même Schulenbourg qui, dans la guerre de Pologne, échappa à l'habileté de Charles XII, à la bataille de Fraustadt, et fit cette belle retraite en Silésie au passage de la Bartsch.

Les Vénitiens et les Génois, avant la découverte de la boussole, fournissaient l'Allemagne de toutes les marchandises que le luxe fait ramasser des fins fonds de l'Asie; de nos temps, ce sont

[a] Victor-Amédée.

les Anglais et les Hollandais qui leur ayant enlevé ce négoce, s'en sont attribué les avantages.

La guerre de 1733 avait fait passer Don Carlos de Toscane sur le trône de Naples. Ce royaume avait été conquis sur Louis XII par Gonsalve de Cordoue, surnommé le Grand Capitaine, pour Ferdinand le Catholique. La mort de Charles II, roi d'Espagne, le fit passer, durant la guerre de succession, sous la domination autrichienne; et, durant la guerre de 1733, le succès de l'affaire de Bitonto le remit de nouveau sous les lois de Don Carlos. Ce prince trouvait du plaisir à traire les vaches; et ceux qui se piquent d'anecdotes prétendent que, lorsqu'étant roi de Naples il épousa la fille d'Auguste II, roi de Pologne, il fut stipulé dans le contrat de mariage que le Roi ne trairait plus de vache blanche. Ce prince, trop jeune pour gouverner, était dirigé par le comte de Saint-Estevan, qui ne faisait qu'exécuter dans ce royaume les ordres de la reine d'Espagne. Le royaume de Naples, y compris la Sicile, rapportait environ quatre millions à son souverain; l'État n'entretenait que douze mille hommes.

Nous ne faisons point mention, dans ce résumé, ni du duc de Modène, ni de la république de Lucques, ni de celle de Raguse : ce sont des miniatures déplacées dans une grande galerie de tableaux.

Le saint-siége venait alors de vaquer par la mort de Clément XII, de la maison de Corsini; le conclave dura un an. Le Saint-Esprit demeura incertain jusqu'au jour que les factions des couronnes purent s'accommoder. Le cardinal Lambertini, ennuyé de ces longueurs, dit aux autres cardinaux : « Décidez-vous enfin « sur le choix d'un pape. Voulez-vous un dévot? prenez Aldo-« brandini; voulez-vous un savant? prenez Coscia; ou si vous « voulez un bouffon, me voici. » Le Saint-Esprit choisit celui qui était de si belle humeur : Lambertini fut élu pape, et prit le nom de Benoît XIV.

A son avénement au pontificat, Rome et les papes ne gouvernaient plus le monde comme autrefois; les Empereurs ne servaient plus de marchepied aux pontifes, et n'allaient plus s'avilir à Rome comme les Frédéric Barbe-rousse : Charles-Quint leur avait fait sentir sa puissance; et l'empereur Joseph ne les traita pas plus doucement, lorsque, durant la guerre de succession, il s'empara de Comacchio. Le pape n'était, l'année 1740, que le premier évêque de la chrétienté : il avait le département de la foi, qu'on lui abandonnait; mais il n'influait plus comme autrefois dans les affaires politiques. La renaissance des lettres et la réforme avaient porté un coup mortel à la superstition. On canonisait quelquefois des saints, pour n'en pas perdre l'usage; mais un pape qui aurait voulu prêcher des croisades dans le XVIIIe siècle, n'eût pas attroupé vingt polissons. Il était réduit à l'humiliant emploi d'exercer les fonctions de son sacerdoce, et de faire en hâte la fortune de ses neveux. Tout ce que le pape put faire pour l'Empereur engagé dans la guerre des Turcs, l'année 1737, fut de l'autoriser par ses brefs à lever les dîmes sur les biens ecclésiastiques, et à faire planter des croix de mission dans toutes les villes de sa dépendance, où le peuple courait en foule vomir de saintes imprécations contre les Turcs. L'empire ottoman ne s'en ressentit pas; s'il avait été battu par les Russes, il fut partout victorieux des Autrichiens.

Bonneval, ce fameux aventurier, se trouvait alors à Constantinople : du service de France il avait passé à celui de l'Empereur, qu'il quitta par légèreté pour se faire Turc. Il n'était pas dépourvu de talents; il proposa au grand vizir de former l'artillerie sur le pied européen, de discipliner les janissaires, et d'introduire de l'ordre dans cette multitude innombrable de troupes qui ne combat qu'en confusion. Ce projet pouvait devenir dangereux pour les voisins; mais il fut rejeté comme contraire à l'Alcoran, dans lequel Mahomet recommande surtout de ne jamais toucher aux anciennes coutumes. La nation turque a naturellement de l'esprit : c'est l'ignorance qui l'abrutit; elle est brave sans art; elle ne connaît rien à la police, sa politique est encore plus pitoyable. Le dogme de la fatalité, qui chez elle a beaucoup de créance, fait qu'ils rejettent la cause de tous leurs malheurs sur Dieu, et qu'ils ne se corrigent jamais de leurs fautes. La ville de Constantinople contient deux millions d'habitants.[a] La puissance de cet empire vient de sa grande étendue; cependant il ne subsisterait plus, si

[a] Aucun écrivain n'a porté la population de Constantinople à plus d'un million d'habitants à l'époque dont parle le Roi.

ce n'était la jalousie des princes de l'Europe qui le soutient. Le padischah Mahomet V[a] régnait alors. Une révolution l'avait tiré des prisons du sérail pour le placer sur le trône. La nature l'avait rendu aussi impuissant que ses eunuques : ce fut pour les beautés du sérail le règne le plus malheureux. Le voisin le plus redoutable des Turcs était le schah Nadir, connu sous le nom de Thamas-Chouli-Kan : ce fut lui qui asservit la Perse, et subjugua le Mogol; il occupa souvent la Porte, et servit de contre-poids aux entreprises qu'elle aurait peut-être entreprises contre les puissances chrétiennes.

Voilà le précis de ce qu'étaient les forces et les intérêts des cours de l'Europe vers l'année 1740. Ce tableau était nécessaire pour répandre de la clarté sur les Mémoires suivants; il ne nous reste qu'à rendre compte des progrès de l'esprit humain, tant pour la philosophie que pour les sciences, les beaux-arts, la guerre, et ce qui regarde directement certaines coutumes établies. Les progrès de la philosophie, de l'économie politique, de l'art de la guerre, du goût et des mœurs, sont sans doute une matière à réflexion plus intéressante que de se rappeler les caractères d'imbécilles revêtus de la pourpre, de charlatans couverts de la tiare, et de ces rois subalternes appelés ministres, dont bien peu méritent d'être marqués dans les annales de la postérité. Quiconque veut lire l'histoire avec application, s'apercevra que les mêmes scènes se reproduisent souvent, et qu'il n'y a qu'à y changer le nom des acteurs : au lieu que de suivre la découverte de vérités jusque-là inconnues, de saisir les causes qui ont produit le changement dans les mœurs, et ce qui a donné lieu à dissiper les ténèbres de la barbarie qui empêchaient d'éclairer les esprits, ce sont certainement là des sujets dignes d'occuper tous les êtres pensants.

Commençons par la physique. Il y a à peine cent ans qu'elle est bien connue. Des Cartes publia ses Principes de physique l'année 1644. Newton vint ensuite, et expliqua les lois du mouvement et de la gravitation :4 il nous exposa la mécanique de l'univers avec une précision étonnante. Longtemps après lui, des

a Mahmud Ier.

4 En 1687 [1684].

philosophes ont été sur les lieux, et ont vérifié, tant en Laponie que sous l'équateur, les vérités [5] que ce grand homme avait devinées sans sortir de sa chambre. Depuis ce temps, nous savons avec certitude que la terre est aplatie vers ses pôles. Newton fit plus : à l'aide de ses prismes il décomposa les rayons de la lumière,[6] et y trouva les couleurs primordiales.[6] Torricelli pesa l'air, et trouva l'équilibre de la colonne de l'atmosphère et de la colonne du mercure; on lui doit encore l'invention des baromètres.[7] La pompe pneumatique fut inventée [8] à Magdebourg par Othon Guericke : il s'aperçut, à l'occasion de la friction de l'ambre, d'une nouvelle propriété de la nature, celle de l'électricité.[a] Dufay fit des expériences, à l'occasion de cette découverte,[9] qui démontrèrent que la nature recèle des secrets inépuisables. Il paraît très-probable que ce ne sera qu'à force de multiplier les expériences de l'électricité, qu'on parviendra à en tirer des connaissances utiles à la société. M. Eller, en mêlant deux liqueurs d'une blancheur transparente, a produit une eau colorée en bleu foncé; le même a fait des expériences sur la transformation des métaux, et sur les parties solides et nitreuses des eaux.[10] Lieberkühn,[11] par le moyen d'injections, a rendu palpables les ramifications les plus fines des fibres et des veines, dont la tissure déliée sert de canal à la circulation du sang humain; c'est le géographe des corps organisés. Boerhaave,[12] après Ruysch, découvrit la liqueur volatile qui circule dans les nerfs, et qui s'évapore après la mort des hommes; on ne s'en était jamais douté. Sans doute que cette liqueur sert de courrier à la volonté de l'homme, pour la faire exécuter dans les membres à l'égal de la vitesse de la pensée. Hartsoeker[13] trouva dans le sperme humain des animaux, qui peut-être servent de germe à la propagation. Leeuwenhoek[14] et Trembley[b] trouvèrent par leurs expériences sur le polype, que cet étrange animal se multiplie en autant de pièces

5 Maupertuis [1736] et La Condamine [1735].

6 [En 1666 et] en 1704.

7 En 1704 [1643].

8 En 1642 [1650].

a En 1672.

9 En 1733.

10 En 1746.

11 En 1743 [1745].

12 En 1707 [1708].

13 En 1678 [Leeuwenhoek, en 1677].

14 En 1678 [1675] et 1703.

b En 1742 et 1744.

qu'on le coupe.[a] La curiosité des hommes les a poussés à faire des recherches immenses; ils ont fait des efforts étonnants pour découvrir les premiers principes de la nature, mais vainement: ils sont placés entre deux infinis; et il paraît démontré que l'auteur des choses s'en est réservé à lui seul le secret.

La physique perfectionnée porta le flambeau de la vérité dans les ténèbres de la métaphysique. Il parut un sage en Angleterre, qui, se dépouillant de tout préjugé, ne se guida que par l'expérience: Locke fit tomber le bandeau de l'erreur, que le sceptique Bayle, son précurseur, avait déjà détaché en partie. Les Fontenelle et les Voltaire parurent ensuite en France; le célèbre Thomasius,[15] en Allemagne; les Hobbes, les Collins, les Shaftesbury, les Bolingbroke, en Angleterre. Ces grands hommes et leurs disciples portèrent un coup mortel à la religion. Les hommes commencèrent à examiner ce qu'ils avaient stupidement adoré; la raison terrassa la superstition : on prit du dégoût pour les fables qu'on avait crues, et l'on eut horreur des blasphèmes auxquels on avait été pieusement attaché; le déisme, ce culte simple de l'Être suprême, fit nombre de sectateurs. Avec cette religion raisonnable s'établit la tolérance, et l'on ne fut plus ennemi pour avoir une façon différente de penser. Si l'épicuréisme fut funeste au culte idolâtre des païens, le déisme ne le fut pas moins, de nos jours, aux visions judaïques adoptées par nos ancêtres.

La liberté de penser dont jouit l'Angleterre, avait beaucoup contribué aux progrès de la philosophie. Il n'en était pas de même des Français: leurs ouvrages se ressentaient de la contrainte qu'y mettaient les censeurs théologiques. Un Anglais pense tout haut: un Français ose à peine laisser soupçonner ses idées. En revanche, les auteurs français se dédommageaient de la hardiesse qui était interdite à leurs ouvrages, en traitant supérieurement les matières de goût et tout ce qui est du ressort des belles-lettres, égalant par la politesse, les grâces et la légèreté, tout ce que le

[a] Dans cet aperçu rapide et général, le Roi a passé sous silence quelques événements de cette époque : l'invention de la machine électrique par Winkler, à Leipzig, de l'année 1742; et l'importante découverte que fit Ludolff à Berlin, en 1743, par laquelle il demeura désormais prouvé que l'étincelle électrique artificielle allume les corps inflammables comme la foudre même.

[15] A Halle.

temps nous a conservé de plus précieux des écrits de l'antiquité. Un homme sans passion préférera la *Henriade* aux poëmes d'Homère. Henri IV n'est point un héros fabuleux; Gabrielle d'Estrées vaut bien la princesse Nausicaa. L'*Iliade* nous peint les mœurs des Canadiens: Voltaire fait de vrais héros de ses personnages; et son poëme serait parfait, s'il avait su intéresser davantage pour Henri IV, en l'exposant à de plus grands dangers. Boileau peut se comparer avec Juvénal et Horace; Racine surpasse tous ses émules de l'antiquité; Chaulieu, tout incorrect qu'il est, l'emporte sûrement de beaucoup, dans quelques morceaux, sur Anacréon; Rousseau excella dans quelques odes, et, si nous voulons être équitables, il faut convenir qu'en fait de méthode les Français l'emportent sur les Grecs et sur les Romains. L'éloquence de Bossuet approche de celle de Démosthène; Fléchier peut passer pour le Cicéron de la France, sans compter les Patru, les Cochin et tant d'autres qui se sont rendus célèbres dans le barreau. La *Pluralité des mondes* et les *Lettres persanes* sont d'un genre inconnu à l'antiquité; ces écrits passeront à la postérité la plus reculée. Si les Français n'ont aucun auteur à opposer à Thucydide, ils ont le *Discours* de Bossuet *sur l'histoire universelle;* ils ont les ouvrages du sage président de Thou, les *Révolutions romaines* par l'abbé de Vertot, ouvrage classique, la *Décadence de l'empire romain* de Montesquieu, enfin tant d'autres morceaux ou d'histoire ou de belles-lettres ou de commerce ou d'agrément, qu'il serait trop long d'en faire ici le catalogue.

On sera peut-être surpris que les lettres qui fleurissent en France, en Angleterre, en Italie, n'aient pas brillé avec autant d'éclat en Allemagne. La raison en est qu'en Italie elles avaient été rapportées une seconde fois de la Grèce, après y avoir joui, sur la fin de la république et des premiers empereurs, de toute la considération qu'elles méritent : le terrain était tout préparé pour les recevoir; et la protection des Médicis, surtout celle de Léon X, contribua beaucoup à leurs progrès.

Les lettres s'étendirent facilement en Angleterre, parce que la forme du gouvernement autorise les membres des chambres à haranguer dans le parlement; l'esprit de parti les animait même à étudier, afin qu'employant dans leurs discours les règles de la rhétorique, surtout de la dialectique, ils se procurassent un ascendant sur le parti qui leur était opposé. De là vient que les Anglais possèdent presque tous les auteurs classiques; qu'ils sont versés dans le grec et dans le latin, et qu'ils possèdent de même l'étude de l'histoire. Le caractère de leur esprit sombre, taciturne, opiniâtre, les a fait réussir dans la géométrie transcendante.

Les Français du temps de François Ier avaient attiré quelques savants à la cour; ceux-là avaient, pour ainsi dire, répandu les germes des connaissances dans ce royaume : mais les guerres de religion qui suivirent, supprimèrent cette semence, comme une gelée tardive retarde les productions de la terre. Cette crise dura jusqu'à la fin du règne de Louis XIII, où le cardinal de Richelieu, ensuite Mazarin, et surtout Louis XIV, donnèrent une protection éclatante aux sciences comme aux beaux-arts. Les Français étaient jaloux des Espagnols et des Italiens, qui les devançaient dans cette carrière; et la nature fit naître chez eux de ces génies heureux, qui bientôt surpassèrent leurs émules. C'est surtout par la méthode et le goût plus raffiné que les auteurs français se distinguent.

Ce qui retarda le progrès des arts en Allemagne, ce furent les guerres qui se suivirent depuis Charles-Quint jusqu'à celle de la succession d'Espagne. Les peuples étaient malheureux, et les princes, pauvres. Il fallut penser premièrement à s'assurer les aliments indispensables, en remettant les terres en culture; il fallait établir les manufactures selon que les premières productions les indiquaient : et ces soins presque généraux empêchèrent que la nation pût se tirer des restes de la barbarie dont elle se ressentait encore; ajoutez qu'en Allemagne les arts manquaient d'un point de ralliement, comme étaient Rome et Florence en Italie, Paris en France, et Londres en Angleterre. Les universités avaient, à la vérité, des professeurs érudits, pédants et toujours dogmatiques; personne ne les fréquentait, à cause de leur rusticité. Il n'y eut que deux hommes qui se distinguèrent à cause de leur génie, et qui firent honneur à la nation : l'un, c'est le grand Leibniz, et l'autre, le docte Thomasius. Je ne fais point mention de Wolff,[a] qui ruminait le système de Leibniz, et rabâchait

[a] Voyez t. I, p. 231 et 236.

longuement ce que l'autre avait écrit avec feu. La plupart des savants allemands étaient des manœuvres : les français, des artistes ; ce fut la cause que les ouvrages français se répandirent si universellement, que leur langue remplaça celle des Latins, et qu'à présent quiconque sait le français, peut voyager par toute l'Europe sans avoir besoin d'un interprète. L'usage de cette langue étrangère fit encore du tort à la langue nationale, qui ne restant que dans la bouche du peuple, ne pouvait point acquérir ce ton de politesse qu'elle ne gagne que dans la bonne compagnie. Le principal défaut de la langue est qu'elle est trop verbeuse ; il faut la resserrer, et en adoucissant quelques mots dont la prononciation est dure, on parviendrait à la rendre sonore. La noblesse n'étudiait que le droit public ; mais, sans goût pour la belle littérature, elle remportait des universités du dégoût des pédants qui l'avaient instruite. Des candidats ou théologiens, fils de cordonniers et de tailleurs, étaient les Mentors de ces Télémaques : qu'on juge de l'éducation qu'ils étaient capables de donner ! Les Allemands avaient des spectacles, mais grossiers et même indécents : des bouffons orduriers y représentaient des pièces sans génie qui faisaient rougir la pudeur. Notre stérilité nous obligea d'avoir recours à l'abondance des Français ; et dans la plupart des cours, on voyait des troupes de cette nation y représenter les chefs-d'œuvre des Molière et des Racine.

Mais qu'est-ce qui mérite plus l'attention d'un philosophe que l'avilissement où est tombé ce peuple-roi, cette nation maîtresse de l'univers, en un mot les Romains ? Au lieu que des consuls menaient en triomphe des rois captifs du temps de la république, de nos temps les successeurs des Caton et des Émile se dégradent de la virilité, pour aspirer à l'honneur de chanter sur les théâtres des souverains, qui du temps des Scipion étaient regardés avec autant de mépris que nous en inspirent les Iroquois. *O tempora ! o mores !*

Les opéras, les tragédies et les comédies étaient inconnues en Allemagne il y a soixante ans. L'an 1740, l'industrie et le commerce, plus raffinés, avaient rendu l'Allemagne partie copartageante des trésors que les Indes versent annuellement en Europe. Ces sources de l'opulence avaient amené avec elles les plaisirs, les aisances, et peut-être les désordres des mœurs qui en sont une suite. Tout avait augmenté, les habitants, les équipages, les meubles, les livrées, les carrosses, et la somptuosité des tables. Ce qu'on voit de belle architecture dans le Nord, date environ du même temps : le château et l'arsenal de Berlin, la chancellerie de l'Empire, et l'église de Saint-Jean-Borromée[a] à Vienne, le château de Nymphenbourg en Bavière, le pont de Dresde, et le palais chinois à Dresde, le château de l'électeur à Mannheim, le palais du duc de Würtemberg à Louisbourg. Quoique ces édifices n'égalent pas ceux d'Athènes et de Rome, ils sont pourtant supérieurs à l'architecture gothique de nos ancêtres.

Des temps passés, les cours d'Allemagne paraissaient des temples où l'on célébrait des Bacchanales; actuellement cette débauche, indigne de la bonne société, a été reléguée en Pologne, ou bien est devenue l'amusement de la populace. Il n'est encore que quelques cours ecclésiastiques où le vin console les prêtres d'une passion plus aimable, à laquelle ils sont obligés de renoncer par état. Autrefois il n'était point de cour d'Allemagne qui ne fût remplie de bouffons : la grossièreté de leurs plaisanteries suppléait à l'ignorance des conviés, et l'on entendait dire des sottises, faute de pouvoir dire de bonnes choses. Cet usage, qui est l'opprobre éternel du bon sens, a été aboli; et il n'y avait que la cour d'Auguste II, roi de Pologne et électeur de Saxe, où il se conserve encore. Le cérémonial dans lequel l'imbécillité de nos aïeux plaça jadis la science des souverains, paraît essuyer un sort égal à celui des bouffons : l'étiquette reçoit journellement des brèches; quelques cours l'ont entièrement abolie. Cependant la cour de l'empereur Charles VI fit exception à la règle : il était trop zélé sectateur des formules de l'étiquette de Bourgogne pour les abolir; il avait même dans sa dernière maladie, peu de moments avant sa fin, ordonné les messes et les heures qu'il fallait dire, l'appareil de sa pompe funèbre, et jusqu'aux personnes qui devaient porter son cœur, dans un étui d'or, à je ne sais quel couvent. Les courtisans admiraient sa grandeur et sa dignité : les sages blâmaient son orgueil, qui semblait lui survivre.

[a] Saint-Charles-Borromée.

Remarquons surtout que par une suite de l'argent répandu en Allemagne, et qui était sûrement triplé des temps antérieurs, non seulement le luxe avait doublé, mais le nombre des troupes que les souverains entretenaient avait augmenté à proportion. A peine l'empereur Ferdinand Ier avait-il entretenu trente mille hommes : Charles VI en avait soudoyé dans la guerre de 1733 cent soixante-dix mille, sans fouler ses peuples. Louis XIII avait eu soixante mille soldats : Louis XIV en entretint deux cent vingt mille, et jusqu'à trois cent soixante mille durant la guerre de succession. Depuis cette époque, tous, jusqu'au plus petit prince d'Allemagne, avaient augmenté leur militaire. C'était par esprit d'imitation; car dans la guerre de 1683 Louis XIV leva le plus de troupes qu'il put, pour avoir une supériorité décidée sur ceux qu'il voulait combattre : il ne fit aucune réforme après la paix; ce qui força l'Empereur et les princes d'Allemagne à garder sur pied autant de soldats qu'ils en pouvaient payer. Cette coutume une fois établie se perpétua dans la suite. Les guerres en devinrent beaucoup plus coûteuses; la dépense des magasins fut immense pour entretenir ces cavaleries nombreuses, et les rassembler en quartiers de cantonnement avant l'ouverture de la campagne et la saison des fourrages.

L'infanterie, toujours entretenue, changea presque d'état, tant on travailla à la perfectionner. Avant la guerre de succession, la moitié des bataillons portait des piques, et l'autre, des mousquets, et ils combattaient armés sur six lignes de profondeur : on se servait de ces piques contre la cavalerie; les mousquets faisaient un feu faible, et rataient souvent à cause des mèches. Ces inconvénients firent changer d'armes : on quitta les piques et les mousquets, et on les remplaça par des fusils armés de baïonnettes; ce qui réunit ce que le feu et le fer ont de plus terrible. Comme on fit consister dans le feu la force des bataillons, on diminua peu à peu leur profondeur en les étendant. Le prince d'Anhalt, qu'on peut appeler un mécanicien militaire, introduisit les baguettes de fer; il mit les bataillons à trois hommes de hauteur; et le défunt roi, par ses soins infinis, introduisit la discipline et l'ordre merveilleux dans les troupes, et une précision jusque-là inconnue en Europe pour les mouvements et les manœuvres. Un bataillon prussien devint une batterie ambulante, dont la vitesse de la charge triplait le feu, et donnait aux Prussiens l'avantage d'un contre trois. Les autres nations imitèrent depuis les Prussiens, mais imparfaitement.

Charles XII avait introduit dans ses troupes l'usage de joindre deux canons à chaque bataillon. On fondit à Berlin des canons de trois, de six, de douze et de vingt-quatre livres, assez légers pour qu'on pût les manier à force de bras, et les faire avancer dans les batailles avec les bataillons auxquels ils étaient attachés. Tant de nouvelles inventions transformaient une armée en une forteresse mouvante, dont l'accès était meurtrier et formidable.

Ce fut dans la guerre de 1672 que les Français trouvèrent l'invention des pontons de cuivre transportables. Cet usage facile de construire des ponts rendit les rivières des barrières inutiles. L'art de l'attaque et de la défense des places est encore dû aux Français. Vauban surtout perfectionna la fortification; il rendit les ouvrages rasants, et les couvrit tellement par le glacis, que pour établir des batteries de brèche, si on ne les place à présent sur la crête du chemin couvert, les boulets ne sauraient parvenir au cordon de la maçonnerie qu'ils doivent ruiner. Depuis Vauban, on a construit des chemins couverts maçonnés doubles, et peut-être a-t-on même trop multiplié les coupures. C'est surtout l'art des mines qui a fait les plus grands progrès. On étend les rameaux du chemin couvert à trente toises du glacis; les places bien minées ont des galeries majeures et commandantes; les rameaux sont à trois étages. Le mineur peut faire sauter le même point de défense jusqu'à sept fois. Pour les attaques on a inventé les globes de compression, qui, s'ils sont bien appliqués, ruinent toutes les mines de la place à une distance de vingt-cinq pas du foyer. Ce sont les mines en quoi consiste à présent la véritable force des places, et par l'usage desquelles les gouverneurs pourront le plus prolonger la durée des siéges. De nos jours, les forteresses ne se prennent plus que par une nombreuse artillerie. On compte trois pièces sur chaque batterie, pour démonter un canon des ouvrages; on ajoute à de si nombreuses batteries celles de ricochet, qui enfilent les lignes de prolongation; et, à moins de soixante mortiers employés à ruiner les défenses, on ne se hasarde guère à assiéger une place forte. Les demi-sapes, les sapes ordinaires, les sapes tournantes, les places d'armes et les cavaliers de tranchées, sont autant de nouvelles inventions dont on se sert pour les attaques, qui, en épargnant le monde, accélèrent la reddition des forteresses.

Ce siècle a vu revivre des troupes armées à la légère : les pandours autrichiens, les légions françaises, et nos bataillons francs:[a] les hussards,[b] originaires de la Hongrie, mais imités par toutes les autres troupes, remplacent cette cavalerie numide et parthe si fameuse du temps des Romains. Les milices anciennes ne connaissaient point d'uniforme; il n'y a pas un siècle que les habits d'ordonnance ont été généralement admis.

La marine encore a fait beaucoup de progrès, tant pour la construction des vaisseaux, que pour rendre plus exact le calcul des pilotes; mais cette matière étant très-vaste, je la quitte de crainte de m'engager dans une trop longue digression.

De tout ce que nous venons de rapporter du progrès des arts en Europe, il résulte que les pays du Nord avaient beaucoup gagné depuis la guerre de trente ans. Alors la France jouissait de l'avantage de tout ce qui est du ressort des belles-lettres et du goût; les Anglais, de la géométrie et de la métaphysique; les Allemands, de la chimie, des expériences de physique et de l'érudition; les Italiens commençaient à tomber; mais la Pologne, la Russie, la Suède et le Danemark étaient encore arriérés d'un siècle en comparaison des nations les plus policées.

Ce qui mérite peut-être le plus nos réflexions, c'est le changement qui se voit depuis l'année 1640 dans la puissance des États. Nous en voyons quelques-uns dans leur accroissement; d'autres demeurent, pour ainsi dire, immobiles dans la même situation, et d'autres enfin tombent en consomption et menacent ruine. La Suède jeta son feu sous Gustave-Adolphe, elle dicta avec la

[a] Jean de Mayr, auparavant lieutenant-colonel au service de Saxe, reçut son brevet de lieutenant-colonel pour l'engagement de cinq compagnies franches le 14 septembre 1756, à Gross-Sedlitz. Ce fut le premier corps franc qui prit part à la guerre de sept ans.

[b] Le 11 novembre 1721 le roi Frédéric-Guillaume ordonna que l'escadron de hussards, le premier qu'a eu l'armée prussienne, serait commandé par le lieutenant-général de Wuthenow, et s'appellerait Hussards de Wuthenow.

France la paix de Westphalie; sous Charles XII, elle vainquit les Danois, les Russes, et disposa pour un temps du trône de Pologne : il semble que cette puissance ait alors rassemblé toutes ses forces pour paraître comme une comète qui jette un grand éclat, et se perd ensuite dans l'immensité de l'espace; ses ennemis la démembrèrent en lui arrachant l'Esthonie, la Livonie, les principautés de Brême et de Verden, et une grande partie de la Poméranie.

La chute de la Suède fut l'époque de l'élévation de la Russie : cette puissance semble sortir du néant, pour paraître tout à coup avec grandeur, pour se mettre peu de temps après au niveau des puissances les plus redoutées. On pourrait appliquer à Pierre Ier ce qu'Homère dit de Jupiter :[a] « il fit trois pas, et il fut au bout du monde. » En effet, abattre la Suède, donner successivement des rois à la Pologne, abaisser la Porte Ottomane, et envoyer des troupes pour combattre les Français sur leurs frontières, c'est bien aller au bout du monde.

On vit de même la maison de Brandebourg quitter le banc des électeurs pour s'asseoir parmi les rois: elle ne figurait aucunement dans la guerre de trente ans. La paix de Westphalie lui valut des provinces qu'une bonne administration rendit opulentes. La paix, et la sagesse du gouvernement, formèrent une puissance naissante, presque ignorée de l'Europe, parce qu'elle travaillait en silence, et que ses progrès n'étaient pas rapides, mais une suite du temps bien employé. On parut étonné lorsqu'elle commença à se développer.

Les agrandissements de la France, dus tant à ses armes qu'à sa politique, furent plus prompts et plus considérables. Louis XV se trouva, par ses possessions, supérieur d'un tiers à celles de Louis XIII : la Franche-Comté, l'Alsace, la Lorraine et une partie de la Flandre annexées à cet empire, lui donnaient une force bien supérieure à celle des temps passés; ajoutez-y surtout l'Espagne, soumise à une branche de la maison de Bourbon, qui, la délivrant, au moins pour longtemps, des diversions qu'elle avait toujours à craindre des rois d'Espagne de la branche autrichienne, lui donne à présent la faculté de se servir de ses forces

[a] C'est de Neptune que cela est dit dans l'*Iliade*, chant XIII, v. 20.

entières contre lequel de ses voisins qu'elle juge nécessaire de les employer.

Les Anglais, de leur côté, ne se sont pas oubliés. Gibraltar et Port-Mahon sont des acquisitions importantes pour une nation commerçante; ils se sont enrichis prodigieusement par toute sorte de trafics : peut-être que l'électorat de Hanovre, assujetti à leur domination, ne leur est pas inutile, par l'influence qu'il leur donne dans les affaires d'Allemagne, auxquelles ils ne prenaient autrefois aucune part. On croit généralement que la nation anglaise, à présent susceptible de corruption, en est devenue moins libre; du moins en est-elle plus tranquille.

La maison de Savoie ne s'est pas oubliée non plus : elle acquit la Sardaigne et la royauté; elle écorna le Milanais, et les politiques la regardent comme un cancer qui ronge la Lombardie.

L'Espagne avait établi Don Carlos dans le royaume de Naples. C'était proprement un despote qui soutenait sa faiblesse par la protection que lui donnait la monarchie à laquelle il tenait par le sang, et qui l'avait placé sur ce trône.

La maison d'Autriche ne jouissait pas des mêmes avantages. La guerre de succession avait fait de l'empereur Charles VI un des plus puissants princes de l'Europe; mais l'envie de ses voisins le dépouilla bientôt d'une partie de ses acquisitions, et le remit au niveau de la fortune de ses prédécesseurs. Depuis l'extinction de la branche de Charles-Quint en Espagne, la maison d'Autriche avait perdu premièrement l'Espagne, passée entre les mains des Bourbons; une partie de la Flandre; depuis, le royaume de Naples et une partie du Milanais. Il ne resta donc à Charles VI, de la succession de Charles II, que quelques villes en Flandre et une partie du Milanais. Les Turcs lui enlevèrent encore la Servie et une partie de la Moldavie,[a] qui leur furent cédées par la paix de Belgrad. La seule chose que la maison d'Autriche ait gagnée, c'est d'avoir établi un préjugé en sa faveur, qui règne assez généralement dans l'Empire, en Angleterre, en Hollande, même en Danemark, que la liberté de l'Europe est attachée au destin de cette maison.

[a] Voyez ci-dessus, p. 2, note *b*.

Le Portugal, la Hollande, le Danemark, la Pologne étaient demeurés tels qu'ils avaient été, sans augmentation ni perte.

De toutes ces puissances, la France et l'Angleterre avaient une prépondérance décidée sur les autres : l'une, par ses troupes de terre et ses grandes ressources; l'autre, par ses flottes et les richesses qu'elle devait à son commerce. Ces puissances étaient rivales, jalouses de leur agrandissement; elles pensaient tenir la balance de l'Europe, et se regardaient comme deux chefs de parti auxquels devaient s'attacher les princes et les rois. Outre l'ancienne haine que la France conservait contre les Anglais, elle y joignait une inimitié égale contre la maison d'Autriche, par une suite des guerres continuelles qu'il y avait eu entre ces deux maisons, depuis la mort de Charles le Téméraire, duc de Bourgogne. La France aurait voulu ranger la Flandre et le Brabant sous ses lois, et pousser les limites de sa domination aux bords du Rhin. Un tel projet ne pouvait pas s'exécuter de suite; il fallait que le temps le mûrît, et que les occasions le favorisassent. Les Français veulent vaincre pour faire des conquêtes; les Anglais veulent acheter des princes pour en faire des esclaves : tous deux donnent le change au public, pour détourner ses regards de leur propre ambition.

L'Espagne et l'Autriche étaient à peu près égales en force. L'Espagne ne pouvait faire la guerre qu'au Portugal, ou bien à l'Empereur en Italie. L'Empereur pouvait la porter de tout côté; il avait plus de sujets que l'Espagne, et, par l'intrigue, il pouvait joindre à ses forces celles de l'empire germanique. L'Espagne avait plus de ressources dans ses richesses : l'Autriche n'en avait guère, et quelque impôt qu'elle eût établi sur les peuples, il lui fallait des subsides étrangers pour soutenir quelques années ses troupes en campagne. Alors elle était épuisée par la guerre des Turcs, et surchargée de dettes que ces troubles lui avaient fait contracter.

La Hollande, quoiqu'opulente, ne se mêlait d'aucune querelle étrangère, à moins que la nécessité ne l'obligeât à défendre sa barrière contre la France : elle n'était occupée qu'à éloigner l'occasion de faire élire un nouveau stadhouder.

La Prusse, moins forte que l'Espagne et l'Autriche, pouvait cependant paraître à la suite de ces puissances, sans cependant se mesurer à elles d'égal à égal. Les revenus de l'État, comme nous l'avons dit, ne passaient pas sept millions. Les provinces, pauvres et arriérées encore par les malheurs qu'elles avaient soufferts de la guerre de trente ans, étaient hors d'état de fournir des ressources au souverain; il ne lui en restait d'autres que ses épargnes. Le feu roi en avait fait, et quoique les moyens ne fussent pas fort considérables, ils pouvaient suffire, dans le besoin, pour ne pas laisser échapper une occasion qui se présentait. Mais il fallait de la prudence dans la conduite des affaires, ne pas traîner les guerres en longueur, mais se hâter d'exécuter ses desseins.

Ce qu'il y avait de plus fâcheux, c'était que l'État n'avait point de forme régulière. Des provinces peu larges, et pour ainsi dire éparpillées, tenaient depuis la Courlande jusqu'au Brabant. Cette situation entrecoupée multipliait les voisins de l'État sans lui donner de consistance, et faisait qu'il avait bien plus d'ennemis à redouter que s'il avait été arrondi. La Prusse ne pouvait agir alors qu'en s'épaulant de la France ou de l'Angleterre : on pouvait cheminer avec la France, qui avait fort à cœur sa gloire et l'abaissement de la maison d'Autriche; on ne pouvait tirer des Anglais que des subsides destinés à se servir des forces étrangères pour leurs propres intérêts. La Russie n'avait point alors assez de poids dans la politique européenne, pour déterminer dans la balance la supériorité du parti qu'elle embrassait. L'influence de ce nouvel empire ne s'étendait encore que sur ses voisins les Suédois et les Polonais; et pour les Turcs, la politique du temps avait établi que lorsque les Français les excitaient ou contre l'Autriche ou contre la Russie, ces deux puissances recouraient à Thamas-Chouli-Kan, qui, par le moyen d'une diversion, les délivrait de ce qu'ils avaient à craindre de la part de la Porte. Ce que nous venons d'indiquer, était l'allure commune de la politique; il y avait sans doute de temps à autre des exceptions à la règle; mais nous ne nous arrêtons ici qu'à la marche ordinaire, et à ce qu'exigeait la saine politique des puissances.

L'objet qui intéressait alors le plus l'Europe, c'était la succession de la maison d'Autriche, qui devait arriver à la mort de l'empereur Charles VI, dernier mâle de la maison d'Habsbourg.

Nous avons dit que, pour prévenir le démembrement de cette monarchie, Charles VI avait fait une loi domestique sous le nom de *pragmatique sanction*, pour assurer son héritage à sa fille Marie-Thérèse. La France, l'Angleterre, la Hollande, la Sardaigne, la Saxe, l'empire romain avaient garanti cette pragmatique sanction; le feu roi Frédéric-Guillaume même l'avait garantie, à condition que la cour de Vienne lui assurât la succession de Juliers et de Berg. L'Empereur lui en promit la possession éventuelle, et ne remplit point ses engagements; ce qui dispensait le Roi de la garantie de la pragmatique sanction, à laquelle le feu roi s'était engagé conditionnellement.

La succession des duchés de Juliers et de Berg, dont le cas paraissait proche l'an 1740, faisait alors l'objet le plus intéressant de la politique de la maison de Brandebourg. Frédéric-Guillaume n'avait point contracté d'alliance, sentant sa fin prochaine, pour laisser à son successeur la liberté de former des liaisons selon que les circonstances et l'occasion l'exigeraient. Après la mort du Roi, la cour de Berlin entama des négociations à Vienne, à Paris, comme à Londres, pour pressentir laquelle de ces puissances se trouverait le plus favorablement disposée pour ses intérêts. Elle les trouva également froides, parce que les vues ne s'unissent que lorsque des besoins réciproques forment les liens des alliances, et l'Europe se souciait peu que le Roi ou quelque autre prince eût le duché de Berg. La France consentait, à la vérité, à ce que le Roi démembrât une lisière du duché de Berg : c'était trop peu pour contenter les désirs d'un jeune roi ambitieux qui voulait tout ou rien. Remarquons sur toute chose que l'empereur Charles VI ne s'en était pas tenu à une simple garantie du duché de Berg, mais qu'il en avait promis la possession au roi de Pologne, électeur de Saxe; et que, durant l'ambassade du prince de Lichtenstein à Paris, il avait donné une promesse toute pareille au prince de Sulzbach, héritier de l'Électeur palatin. Fallait-il se laisser sacrifier à la perfidie de la cour de Vienne? fallait-il se contenter de cette lisière du duché de Berg que la France promettait à la Prusse d'occuper? ou fallait-il en venir à la voie des armes pour se faire soi-même raison de ses droits? Dans cette crise, le Roi résolut de se servir de toutes ses ressources pour se mettre dans une situation plus formidable ; ce qu'il exécuta sans différer davantage. Par le moyen d'une bonne économie, il leva quinze nouveaux bataillons;[16] et il attendit dans cette position les événements qu'il plairait à la fortune de lui fournir, pour se rendre à lui-même la justice que d'autres lui refusaient.

[16] Régiments de Camas, Münchow, Dohna, Henri, Persode, Brunswic, Eisenach et Einsiedel. [Ce sont les régiments n° 37, 36, 38, 35, 33, 39, 40, et le *Grenadiergardebataillon*, n° 6, de la *Stammliste* de 1806.]

CHAPITRE II.

Raisons de faire la guerre à la reine de Hongrie après la mort de l'empereur Charles VI. Campagne d'hiver en Silésie.

1740. L'acquisition du duché de Berg rencontrait beaucoup de difficultés dans l'exécution. Pour s'en faire une idée nette, il faut se mettre précisément dans la situation où le Roi se trouvait. Il pouvait mettre à peine soixante mille hommes en campagne; il n'avait de ressource, pour soutenir ses entreprises, que dans le trésor que le feu roi lui avait laissé. S'il voulait entreprendre la conquête du duché de Berg, il devait y employer toutes ses troupes, parce qu'il avait affaire à forte partie, qu'il fallait lutter contre la France, et prendre en même temps la ville de Düsseldorf. La supériorité seule de la France suffisait pour le faire désister de cette entreprise, s'il n'y avait eu encore d'ailleurs des empêchements aussi considérables à ses vues. Ces difficultés venaient des prétentions approchantes de celles du Roi, que la maison de Saxe avait à la succession palatine, et de la jalousie que la maison de Hanovre avait de celle de Brandebourg. Si dans ces circonstances le Roi s'était porté avec toutes ses forces aux bords du Rhin, il devait s'attendre que laissant ses pays héréditaires vides de troupes, il les exposait à être envahis par les Saxons et les Hanovriens, qui n'auraient pas manqué d'y faire une diversion : et dans le cas où le Roi eût voulu laisser une partie de son armée dans la Marche pour garantir ses États contre la mauvaise volonté de ses voisins, il se serait trouvé trop faible des deux côtés. La France avait garanti, l'année 1733, la succession palatine au duc de Sulzbach, pour obtenir la neutralité du vieil électeur pendant la guerre qu'elle fit sur le Rhin. Ce n'aurait pas été cette garantie qui aurait arrêté le Roi, car communément ce sont des paroles aussitôt données que violées; mais l'intérêt de la France voulait des voisins faibles sur les bords du Rhin, et non des princes puissants et capables de lui résister. A peu près dans le même temps, le comte de Seckendorff, qui avait été détenu dans les prisons de Grätz, obtint sa liberté, à condition de remettre à l'Empereur tous les ordres par lesquels il avait été autorisé à donner au feu roi de Prusse les assurances les plus solennelles de l'assistance que l'Empereur lui promettait pour favoriser ses droits à la succession des duchés de Juliers et de Berg.[a]

Cet exposé montre combien les circonstances étaient peu favorables pour la maison de Brandebourg; et ce sont les raisons qui déterminèrent le Roi à s'en tenir au traité provisionnel que son père avait conclu avec la France.[b] Mais si des raisons aussi fortes modéraient les désirs de gloire dont le Roi était animé, des motifs non moins puissants le pressaient de donner, au commencement de son règne, des marques de vigueur et de fermeté, pour faire respecter sa nation en Europe. Les bons citoyens avaient tous le cœur ulcéré du peu d'égard que les puissances avaient eu pour le feu roi, surtout dans les dernières années de son règne, et de la flétrissure que le monde imprimait au nom prussien. Comme ces choses influèrent beaucoup sur la conduite du Roi, nous nous croyons obligé de répandre quelques éclaircissements sur cette matière.

La conduite sage et circonspecte du feu roi lui avait été imputée à faiblesse. Il eut, l'année 1729, des brouilleries avec les

[a] Il existe là-dessus une autre version, donnée par le comte de Schmettau dans ses *Mémoires secrets de la guerre de Hongrie, pendant les campagnes de 1737, 1738 et 1739*. Francfort, 1771, in-8, p. XIV. Le comte de Seckendorff obtint sa liberté de sa nouvelle souveraine le 6 novembre 1740.

[b] Voyez t. I, p. 174.

Hanovriens sur des bagatelles, qui se terminèrent par conciliation; peu de temps après survinrent des démêlés aussi peu importants avec les Hollandais, qui de même furent accommodés à l'amiable. De ces deux exemples de modération ses voisins et ses envieux conclurent qu'on pouvait l'insulter impunément; qu'au lieu de forces réelles, les siennes n'étaient qu'apparentes; qu'au lieu d'officiers entendus, il n'avait que des maîtres d'escrime, et, au lieu de braves soldats, des mercenaires peu affectionnés à l'État; et que, pour lui, il bandait toujours ses armes, et ne déchargeait jamais. Le monde, superficiel et léger dans ses jugements, accréditait de pareils discours; et ces infâmes préjugés se répandirent dans peu dans toute l'Europe. La gloire à laquelle le feu roi aspirait, plus juste que celle des conquérants, avait pour objet de rendre son pays heureux, de discipliner son armée, et d'administrer ses finances avec l'ordre et l'économie la plus sage. Il évitait la guerre pour ne point être distrait d'aussi belles entreprises; par ce moyen il s'acheminait sourdement à la grandeur, sans réveiller l'envie des souverains. Pour les dernières années de sa vie, les infirmités du corps avaient entièrement ruiné sa santé, et son ambition n'eût jamais consenti à confier ses troupes à d'autres mains qu'aux siennes. Toutes ces différentes causes réunies rendirent son règne heureux et pacifique.

Si l'opinion que l'on avait du Roi n'avait été qu'une erreur spéculative, la vérité en aurait tôt ou tard détrompé le public; mais les souverains présumaient si désavantageusement de son caractère, que ses alliés gardaient aussi peu de ménagement envers lui que ses ennemis. Marque de cela, la cour de Vienne et celle de Russie convinrent avec le feu roi de placer un prince de Portugal sur le trône de Pologne. Ce projet tomba subitement, et ils se déclarèrent pour Auguste II, électeur de Saxe, sans daigner même en donner la moindre connaissance au Roi. L'empereur Charles VI avait obtenu à de certaines conditions un secours de dix mille hommes, que le feu roi envoya, l'année 1734, au Rhin contre les Français, et il se crut au-dessus des devoirs de remplir ces chétifs engagements. Le roi George II d'Angleterre appelait le feu roi *son frère le caporal;* il disait qu'il était *roi des grands chemins et l'archisablier de l'empire romain :* tous les procédés de ce prince portaient l'empreinte du plus profond mépris. Les officiers prussiens qui, selon les priviléges des électeurs, enrôlaient des soldats dans les villes impériales, se trouvaient exposés à mille avanies : on les arrêtait, on les traînait dans des cachots, où on les confondait avec les plus vils scélérats; enfin ces excès allaient à un point qu'ils n'étaient plus soutenables. Un misérable évêque de Liége se faisait honneur de donner des mortifications au feu roi. Quelques sujets de la seigneurie de Herstal, appartenant à la Prusse, s'étaient révoltés; l'évêque leur donna sa protection. Le feu roi envoya le colonel Kreytzen à Liége, muni d'un créditif et de pleins pouvoirs, pour accommoder cette affaire. Qui ne voulut pas le recevoir? ce fut monsieur l'évêque; il vit arriver trois jours de suite cet envoyé dans la cour de sa maison, et autant de fois il lui en interdit l'entrée.

Cet événement, et bien d'autres encore qu'on omet par amour de la brièveté, apprirent au Roi qu'un prince doit faire respecter sa personne, surtout sa nation; que la modération est une vertu que les hommes d'État ne doivent pas toujours pratiquer à la rigueur, à cause de la corruption du siècle; et que, dans ce changement de règne, il était plus convenable de donner des marques de fermeté que de douceur.

Pour rassembler ici tout ce qui pouvait animer la vivacité d'un jeune prince parvenu à la régence, ajoutons-y que Frédéric Ier, en érigeant la Prusse en royaume, avait par cette vaine grandeur mis un germe d'ambition dans sa postérité, qui devait fructifier tôt ou tard. La monarchie qu'il avait laissée à ses descendants, était, s'il m'est permis de m'exprimer ainsi, une espèce d'hermaphrodite qui tenait plus de l'électorat que du royaume. Il y avait de la gloire à décider cet être, et ce sentiment fut sûrement un de ceux qui fortifièrent le Roi dans les grandes entreprises où tant de motifs l'engageaient.

Quand même l'acquisition du duché de Berg n'eût pas rencontré des obstacles presque insurmontables, le sujet en était si mince, que la possession n'en agrandissait que très-peu la maison de Brandebourg. Ces réflexions firent que le Roi tourna ses vues sur la maison d'Autriche, dont la succession, après la mort de l'Empereur, devenait litigieuse, et le trône des Césars, vacant. Cet événement ne pouvait être que favorable par le rôle distingué que le Roi jouait en Allemagne, par les différents droits des maisons de Saxe et de Bavière à ces États, par le nombre des candidats qui postuleraient la couronne impériale, enfin par la politique de la cour de Versailles, qui, dans une pareille occasion, devait naturellement s'en saisir pour profiter des troubles que la mort de l'empereur Charles VI ne pouvait manquer d'exciter.

Cet événement ne se fit point attendre. L'empereur Charles VI termina ses jours à la Favorite le 26 [a] d'octobre de l'année 1740. Cette nouvelle arriva à Rheinsberg, où le Roi était attaqué de la fièvre quarte. Les médecins, infatués d'anciens préjugés, ne voulurent point lui donner du quinquina; il en prit malgré eux, parce qu'il se proposait des choses plus importantes que de soigner la fièvre. Il résolut aussitôt de revendiquer les principautés de la Silésie auxquelles sa maison avait des droits incontestables, et il se prépara en même temps à soutenir ces prétentions, s'il le fallait, par la voie des armes. Ce projet remplissait toutes ses vues politiques : c'était un moyen d'acquérir de la réputation, d'augmenter la puissance de l'État, et de terminer ce qui regardait cette succession litigieuse du duché de Berg. Cependant, avant que de se déterminer entièrement, le Roi mit en balance les risques qu'il y avait à courir en entreprenant une pareille guerre, et de l'autre, les avantages qu'il y avait à espérer.

D'un côté se présentait la puissante maison d'Autriche, qui ne pouvait pas manquer de ressources avec tant de vastes provinces; une fille d'Empereur attaquée, qui devait trouver des alliés dans le roi d'Angleterre, dans la république de Hollande, et dans la plupart des princes de l'Empire qui avaient garanti la pragmatique sanction. Ce duc de Courlande qui gouvernait alors la Russie, était aux gages de la cour de Vienne; et de plus la jeune reine de Hongrie pouvait mettre la Saxe dans ses intérêts, en lui cédant quelques cercles de la Bohême; et quant au détail de l'exécution, la stérilité de l'année 1740 devait faire craindre

[a] L'Empereur mourut le 20 octobre; le 26, cette nouvelle arriva au Roi à Rheinsberg.

qu'on manquât de moyens pour former des magasins et fournir des vivres aux troupes. Les risques étaient grands; il fallait craindre la vicissitude des armes : une bataille perdue pouvait être décisive. Le Roi n'avait point d'alliés, et il ne pouvait opposer que des troupes sans expérience à de vieux soldats autrichiens blanchis sous le harnois, et aguerris par tant de campagnes.

D'autre part, une foule de réflexions ranimaient les espérances du Roi. La situation de la cour de Vienne après la mort de l'Empereur, était des plus fâcheuses : les finances étaient dérangées; l'armée était délabrée, et découragée par les mauvais succès qu'elle avait eus contre les Turcs; le ministère, désuni; avec cela placez à la tête de ce gouvernement une jeune princesse sans expérience, qui doit défendre une succession litigieuse, et il en résulte que ce gouvernement ne devait pas paraître redoutable. D'ailleurs il était impossible que le Roi manquât d'alliés. La rivalité qui subsistait entre la France et l'Angleterre, assurait nécessairement au Roi une de ces deux puissances; et de plus tous les prétendants à la succession de la maison d'Autriche devaient unir leurs intérêts à ceux de la Prusse. Le Roi pouvait disposer de sa voix pour l'élection impériale; il pouvait s'accommoder de ses prétentions sur le duché de Berg, soit avec la France, soit avec l'Autriche; et enfin la guerre qu'il pouvait entreprendre en Silésie, était l'unique espèce d'offensive que favorisait la situation de ses États, vu qu'il était à portée de ses frontières, et que l'Oder lui fournissait une communication toujours sûre.

Ce qui acheva de déterminer le Roi à cette entreprise, ce fut la mort d'Anne, impératrice de Russie, qui suivit de près celle de l'Empereur. Par son décès, la couronne retombait au jeune Iwan, grand-duc de Russie, fils du prince Antoine-Ulric de Brunswic, beau-frère du Roi, et d'une princesse de Mecklenbourg. Les apparences étaient que, durant la minorité du jeune empereur, la Russie serait plus occupée à maintenir la tranquillité dans son empire, qu'à soutenir la pragmatique sanction, pour laquelle l'Allemagne ne pouvait manquer d'éprouver des troubles; ajoutez à ces raisons une armée toute prête d'agir, des fonds tout trouvés, et peut-être l'envie de se faire un nom : tout cela fut cause de la guerre que le Roi déclara à Marie-Thérèse d'Autriche, reine de Hongrie et de Bohême. Il semblait que ce fût l'époque des changements et des révolutions. La princesse de Mecklenbourg-Brunswic, mère de l'empereur Iwan, se trouvait, elle et son fils, sous la tutelle du duc de Courlande, auquel l'impératrice Anne, en mourant, avait confié l'administration de l'Empire. Cette princesse trouvait au-dessous de sa naissance d'obéir à un autre : elle crut que la tutelle lui convenait plus, en qualité de mère, qu'à Biron, qui n'était ni Russe ni parent de l'Empereur. Elle employa habilement le maréchal Münnich, dont elle mit l'ambition en jeu. Biron fut arrêté, puis exilé au fond de la Sibérie; et la princesse de Mecklenbourg s'empara du gouvernement. Ce changement paraissait avantageux à la Prusse; car Biron, son ennemi, fut exilé, et le mari de la Régente, Antoine de Brunswic, était beau-frère du Roi. La princesse de Mecklenbourg joignait à de l'esprit tous les caprices et les défauts d'une femme mal élevée; son mari, faible, sans génie, n'avait de mérite qu'une valeur d'instinct. Münnich, le mobile de leur élévation, le vrai héros de la Russie, était en même temps le dépositaire de l'autorité souveraine. Sous le prétexte de cette révolution, le Roi envoya le baron de Winterfeldt en ambassade en Russie, pour féliciter le prince de Brunswic et son épouse de l'heureux succès de cette entreprise. Le vrai motif, l'objet caché de cette mission était de gagner Münnich, beau-père de Winterfeldt, et de le rendre favorable aux desseins qu'on était sur le point d'exécuter; à quoi Winterfeldt réussit aussi heureusement qu'on le pouvait désirer.

Quelque précaution que l'on prît à Berlin de cacher l'expédition que l'on méditait, il était impossible de faire des magasins, de préparer du canon, et de mouvoir des troupes incognito : déjà le public se doutait de quelque entreprise. M. Demeradt, envoyé de l'Empereur à Berlin, avertit sa cour qu'un orage la menaçait, et qu'il pourrait bien fondre sur la Silésie. Le conseil de la Reine lui répondit de Vienne : « Nous ne voulons ni ne pouvons ajouter foi aux nouvelles que vous nous mandez. » On envoya pourtant le marquis de Botta à Berlin pour complimenter le Roi sur son avénement au trône, mais plus encore pour juger si Demeradt avait donné de fausses alarmes. Le marquis de Botta, fin et pénétrant, s'aperçut d'abord de quoi il était question; et, après avoir fait les compliments usités à son audience,[a] il s'étendit sur les incommodités de la route qu'il avait faite, et s'appesantit un peu sur les mauvais chemins de la Silésie, que les inondations avaient tellement rompus qu'ils étaient devenus impraticables. Le Roi ne fit pas semblant de le comprendre, et répondit que le pis qui pût arriver à ceux qui auraient ces chemins à traverser, serait d'être des voyageurs crottés.

Quoique le Roi fût fermement déterminé dans le parti qu'il avait pris, il jugea qu'il était cependant convenable de faire des tentatives d'accommodement avec la cour de Vienne. Dans cette vue, le comte de Gotter y fut envoyé. Il devait déclarer à la reine de Hongrie qu'en cas qu'elle voulût faire raison des droits que le Roi avait sur la Silésie, ce prince lui offrait son assistance contre tous les ennemis ouverts ou secrets qui voudraient démembrer la succession de Charles VI, et sa voix, à la diète de l'élection impériale, au grand-duc de Toscane. Comme il était à supposer que ces offres seraient rejetées, dans ce cas le comte de Gotter était autorisé à déclarer la guerre à la reine de Hongrie. L'armée fut plus diligente que cette ambassade: elle entra en Silésie, comme on le verra dans la suite, deux jours avant l'arrivée du comte de Gotter à Vienne.

Vingt bataillons et trente-six escadrons furent mis en marche pour s'approcher des frontières de la Silésie;[17] ils devaient être suivis de six bataillons destinés au blocus de la forteresse de Glogau. Ce nombre, tout faible qu'il était, parut suffisant pour s'emparer d'un pays sans défense; il donnait d'ailleurs l'avantage de pouvoir amasser pour le printemps prochain des magasins qu'une grosse armée aurait consumés pendant l'hiver. Avant que le Roi partit pour joindre ses troupes, il donna encore audience au marquis de Botta, auquel il dit les mêmes choses que le comte de Gotter devait déclarer à Vienne. Botta s'écria : «Vous allez «ruiner la maison d'Autriche, Sire, et vous abîmer en même

[a] 5 décembre.

[17] Décembre,

« temps. » « Il ne dépend que de la Reine, reprit le Roi, d'accepter « les offres qui lui sont faites. » Cela rendit le marquis rêveur; il se recueillit cependant, et, reprenant la parole d'un ton de voix et d'un air ironiques, il dit : « Sire, vos troupes sont belles, j'en « conviens; les nôtres n'ont pas cette apparence, mais elles ont vu « le loup; pensez, je vous en conjure, à ce que vous allez entre-« prendre. » Le Roi s'impatienta et reprit avec vivacité : « Vous « trouvez que mes troupes sont belles, et je vous ferai convenir « qu'elles sont bonnes. » Le marquis fit encore des instances pour qu'on différât l'exécution de ce projet : le Roi lui fit comprendre qu'il était trop tard, et que le Rubicon était passé.

Tout le projet sur la Silésie étant éclaté, une entreprise aussi hardie causa une effervescence singulière dans l'esprit du public. Les âmes faibles et timorées présageaient la chute de l'État; d'autres croyaient que le prince abandonnait tout au hasard, et qu'il ne prît pour modèle Charles XII. Le militaire espérait de la fortune, et prévoyait de l'avancement. Les frondeurs, dont il se trouve dans tout pays, enviaient à l'État les accroissements dont il était susceptible. Le prince d'Anhalt était furieux de ce qu'il n'avait pas conçu ce plan, et qu'il n'était pas le premier mobile de l'exécution; il prophétisait, comme Jonas, des malheurs qui n'arrivèrent ni à Ninive ni à la Prusse. Ce prince regardait l'armée impériale comme son berceau; il avait des obligations à Charles VI qui avait donné un brevet de princesse à sa femme, qui était la fille d'un apothicaire, et il craignait avec cela l'agrandissement du Roi, qui réduisait un voisin comme le prince d'Anhalt au néant. Ces sujets de mécontentement firent qu'il semait la défiance et l'épouvante dans tous les esprits; il aurait voulu intimider le Roi lui-même, si cela avait été faisable; mais le parti était trop bien pris, et les choses, poussées trop en avant, pour pouvoir reculer. Cependant, pour prévenir le mauvais effet que des propos d'un grand général comme le prince d'Anhalt pouvaient faire sur les officiers, le Roi jugea à propos d'assembler avant son départ les officiers de la garnison de Berlin, et de leur parler en ces termes : « J'entreprends une guerre, messieurs, dans « laquelle je n'ai d'autres alliés que votre valeur et votre bonne « volonté : ma cause est juste, et mes ressources sont dans la for-

« tune. Souvenez-vous sans cesse de la gloire que vos ancêtres se « sont acquise dans les plaines de Varsovie, à Fehrbellin, et dans « l'expédition de la Prusse. Votre sort est entre vos mains : les « distinctions et les récompenses attendent que vos belles actions « les méritent. Mais je n'ai pas besoin de vous exciter à la gloire; « vous n'avez qu'elle devant les yeux, c'est le seul objet digne de « vos travaux. Nous allons affronter des troupes qui sous le prince « Eugène ont eu la plus grande réputation : quoique ce prince ne « soit plus, d'autant plus d'honneur y aura-t-il à vaincre, que « nous aurons à mesurer nos forces contre de braves soldats. « Adieu, partez. Je vous suivrai incessamment au rendez-vous « de la gloire qui nous attend. »

Le Roi partit de Berlin après un grand bal masqué; il arriva le 21[a] de décembre à Crossen. Une singularité voulut que ce jour même, une corde, apparemment usée, où la cloche de la cathédrale était suspendue, se rompît. La cloche tomba; cela fut pris pour un sinistre présage, car il régnait encore dans l'esprit de la nation des idées superstitieuses. Pour détourner ces mauvaises impressions, le Roi expliqua ces signes avantageusement. Cette cloche tombée signifiait, selon lui, l'abaissement de ce qui était élevé; et comme la maison d'Autriche l'était infiniment plus que celle de Brandebourg, cela présageait clairement les avantages qu'on remporterait sur elle. Quiconque connaît le public, sait que de telles raisons sont suffisantes pour le convaincre.

Ce fut le 23 de décembre[18] que l'armée entra dans la Silésie. Les troupes marchèrent par cantonnement, tant parce qu'il n'y avait point d'ennemi, que parce que la saison ne permettait pas de camper. Elles répandirent sur leur passage la déduction des droits de la maison de Brandebourg sur la Silésie. On publia en même temps un manifeste, contenant en substance, que les Prussiens prenaient possession de cette province pour la garantir contre l'irruption d'un tiers; ce qui marquait assez clairement qu'on n'en sortirait pas impunément. Ces précautions firent que le peuple et la noblesse ne regardèrent point l'entrée des Prussiens en Silésie comme l'irruption d'un ennemi, mais comme un

[a] 14 décembre.

[18] [16 décembre] 1740.

secours officieux qu'un voisin prêtait à son allié. La religion encore, ce préjugé sacré chez le peuple, concourait à rendre les esprits prussiens, parce que les deux tiers de la Silésie sont composés de protestants, qui, longtemps opprimés par le fanatisme autrichien, regardaient le Roi comme un sauveur que le ciel leur avait envoyé.

En remontant l'Oder, la première forteresse qu'on rencontre c'est Glogau. La ville est située sur la rive gauche de cette rivière; son enceinte est médiocre, environnée d'un mauvais rempart dont la moindre partie était revêtue. Son fossé pouvait se passer en plusieurs endroits; la contrescarpe était presque détruite. Comme la saison rigoureuse empêchait qu'on en fit le siége dans les formes, on se contenta de la bloquer; d'ailleurs la grosse artillerie n'était point encore arrivée. La cour de Vienne avait donné des ordres précis à Wenzel Wallis, gouverneur de la place, de ne point commettre les premières hostilités; il crut que de le bloquer n'était pas l'assiéger, et il se laissa paisiblement enfermer dans ses remparts.

Depuis la paix de Belgrad, la plus grande partie de l'armée autrichienne était demeurée en Hongrie. Au bruit de la rupture des Prussiens, le général Browne fut envoyé en Silésie, où il put rassembler à peine trois mille hommes. Il tenta de s'emparer de Breslau, tant par la ruse que par la force, mais inutilement. Cette ville jouissait de priviléges semblables à ceux des villes impériales : c'était une petite république gouvernée par ses magistrats, et qui était exempte de toute garnison. L'amour de la liberté et du luthéranisme préservèrent ses habitants des fléaux de la guerre; ils résistèrent aux sollicitations du général Browne, qui l'aurait pourtant à la fin emporté, si le Roi n'eût hâté sa marche pour l'obliger à la retraite. Dans ces entrefaites, le prince Léopold d'Anhalt arriva à Glogau avec six bataillons et cinq escadrons; il releva les troupes du blocus, et le Roi partit sur-le-champ avec les grenadiers de l'armée, six bataillons et dix escadrons, pour gagner Breslau sans perte de temps. Après quatre jours de marche, il se trouva aux portes de cette capitale, tandis que le maréchal de Schwerin longeait le pied des montagnes, et dirigeait sa marche par Liegnitz, Schweidnitz et Frankenstein, pour purger d'ennemis cette partie de la Silésie.

Le 1er de janvier, le Roi s'empara des faubourgs de Breslau sans résistance, et envoya les colonels de Borcke et de Goltz[a] pour sommer la ville de se rendre; en même temps quelques troupes passèrent l'Oder, et se cantonnèrent au dôme. Par là, le Roi se trouvait maître des deux côtés de la rivière, et bloquait effectivement cette ville mal approvisionnée, qui fut forcée d'entrer en composition. Il faut observer de plus que les fossés de la ville étant gelés, la bourgeoisie pouvait s'attendre et craindre d'être emportée par un assaut général. Le zèle de la religion luthérienne abrégea toutes les longueurs de cette négociation: un cordonnier enthousiaste[b] subjugua le petit peuple, lui communiqua son fanatisme, et le souleva au point d'obliger les magistrats à signer un acte de neutralité avec les Prussiens, et de leur ouvrir les portes de la ville. Dès que le Roi fut entré dans cette capitale, il licencia toutes les personnes en place qui se trouvaient au service de la reine de Hongrie. Ce coup d'autorité prévint toutes les menées sourdes dont ces anciens serviteurs de la maison d'Autriche, auraient fait usage dans la suite pour cabaler contre les intérêts des Prussiens. 1741.

Cette affaire terminée, un détachement d'infanterie passa l'Oder pour chasser de Namslau une garnison autrichienne de trois cents hommes, qui quinze jours après se rendit prisonnière de guerre. On ne laissa qu'un régiment d'infanterie dans les faubourgs de Breslau, et le Roi dirigea sa marche sur Ohlau, où Browne avait jeté le colonel Formentini avec quatre cents hommes. Cette ville, qui prend son nom d'une petite rivière qui passe sous ses murs, était entourée d'un mauvais rempart à demi éboulé et d'un fossé sec; le château qui vaut un peu mieux, ne peut se prendre qu'avec du canon. Pendant qu'on se disposait à donner un assaut général à cette bicoque, le commandant

[a] Le baron de Goltz, alors lieutenant-colonel, raconte lui-même dans sa *Lettre d'un officier prussien*, publiée dans la *Gazette privilégiée* de Berlin, 1741, n° 6, p. 5, que les deux colonels de Posadowsky et de Borcke avaient fait un accord avec la ville de Breslau.

[b] Nommé Deblin.

capitula. La garnison se débanda en sortant, et il ne lui resta que cent vingt hommes, avec lesquels il fut convoyé à Neisse. Les ennemis avaient une garnison à Brieg de mille deux cents hommes; et pour la bloquer, ainsi que les autres places, le général Kleist en fit l'investissement avec cinq bataillons et quatre escadrons.

Pendant que le Roi avait pris ou bloqué les places le long de l'Oder, le maréchal de Schwerin était arrivé à Frankenstein, en approchant de la rivière de Neisse, qui sépare la Haute de la Basse-Silésie; il tomba sur les dragons de Lichtenstein, qu'il poussa sur Ottmachau. Ce château épiscopal a un pont sur la Neisse; M. de Browne, pour couvrir et faciliter sa retraite, y jeta trois compagnies de grenadiers. Le maréchal de Schwerin les bloqua; le lendemain, le Roi le joignit avec des mortiers et quelques pièces de douze livres. Dès que les batteries furent en état de jouer, le major Müffling, commandant de la garnison, se rendit à discrétion.

Il ne restait plus que la ville de Neisse à prendre; mais elle valait mieux pour sa force que toutes les autres. Cette ville est située au delà de la Neisse, fortifiée d'un bon rempart de terre, et d'un fossé qui a sept pieds d'eau de profondeur, environnée d'un terrain bas et marécageux, où Roth, qui en était commandant, avait pratiqué une inondation. Du côté de la Basse-Silésie, cette place est commandée par une hauteur, qui en est éloignée de huit cents pas. La saison rigoureuse s'opposait aux opérations d'un siége formel; il ne restait donc pour s'en emparer que l'assaut, le bombardement ou le blocus. Roth avait rendu l'assaut impraticable : il faisait tous les matins ouvrir les glaces du fossé; il faisait arroser le rempart d'eau qui se gelait tout de suite; il avait meublé les bastions et les courtines de quantité de solives et de faux pour repousser les assaillants, ce qui fit renoncer à l'assaut. On essaya de bombarder la ville; on y jeta mille deux cents bombes et trois mille boulets rouges, le tout en vain : la fermeté de ce commandant obligea les Prussiens d'abandonner cette entreprise, et d'entrer en quartiers d'hiver. En même temps, le colonel Camas, chargé d'une expédition sur Glatz, rejoignit l'armée; il avait manqué son coup, faute de bonnes mesures.

Pendant que les Prussiens se cantonnaient autour de Neisse, le maréchal de Schwerin, à la tête de sept bataillons et de dix escadrons, descendit en Haute-Silésie; il délogea le général Browne de Jägerndorf, de Troppau et du château de Grätz. Les Autrichiens se retirèrent en Moravie; les Prussiens prirent leurs quartiers derrière l'Oppa, et s'étendirent jusqu'à Jablunka sur les frontières de la Hongrie.

Durant ces opérations militaires, le comte de Gotter se trouvait à Vienne; il y négociait plutôt pour se conformer à l'usage, que dans l'espérance de pouvoir réussir. Il avait tenu un langage assez imposant, capable d'intimider toute autre cour que celle de Charles VI. Les courtisans de la reine de Hongrie disaient, d'un ton de hauteur, que ce n'était point à un prince dont la fonction était, en qualité d'archichambellan de l'Empire, de présenter le lavoir à l'Empereur, de prescrire des lois à sa fille. Le comte de Gotter, pour enchérir sur ces propos autrichiens, eut l'effronterie de montrer au Grand-Duc une lettre que le Roi lui avait écrite, où se trouvaient ces mots : « Si le Grand-Duc veut se perdre, qu'il se perde. » Le Grand-Duc en parut ébranlé : le comte Kinsky, chancelier de Bohême, l'homme le plus fier d'une cour où la vanité dominait, prit la parole, traita toutes les propositions du comte de Gotter de flétrissantes à la gloire des successeurs des Césars; il ranima le Grand-Duc, et contribua plus que tous les autres ministres à rompre cette négociation.

L'Europe était dans la surprise de l'invasion inopinée de la Silésie. Les uns taxaient d'étourderie cette levée de boucliers; d'autres regardaient cette entreprise comme une chose insensée. Le ministre d'Angleterre, Robinson, qui résidait à Vienne, soutenait que le roi de Prusse méritait d'être excommunié en politique. En même temps que le comte de Gotter partit pour Vienne, le Roi envoya le général Winterfeldt[a] en Russie; il y trouva le

[a] Le Roi parle ici du voyage diplomatique que fit en Russie le major (et non le général) de Winterfeldt, comme s'il n'en avait pas encore été question, bien que lui-même en ait déjà fait mention à la page 56. C'est par Winterfeldt que se conclut une alliance entre la Prusse et la Russie, à Saint-Pétersbourg, le 27 décembre, nouveau style; le jour suivant, le marquis de Botta quittait Berlin pour se rendre en Russie.

marquis de Botta, qui y soutenait avec toute la vivacité de son caractère les intérêts de la cour de Vienne. Cependant, dans cette occasion, le bon sens poméranien l'emporta sur la sagacité italienne, et M. de Winterfeldt parvint, par le crédit du maréchal Münnich, à conclure avec la Russie une alliance défensive; c'était tout ce qu'on pouvait désirer de plus avantageux dans ces circonstances critiques.

Après que les troupes furent entrées dans leurs quartiers d'hiver, le Roi quitta la Silésie, et vint à Berlin faire les dispositions convenables pour la campagne prochaine. On fit partir pour l'armée un renfort de dix bataillons et de vingt-cinq escadrons; et, comme les intentions des Saxons et des Hanovriens paraissaient équivoques, il fut résolu d'assembler trente bataillons et quarante escadrons auprès de Brandebourg, sous les ordres du prince d'Anhalt, pour veiller sur la conduite de ces princes voisins. Le prince d'Anhalt choisit Genthin [a] comme l'endroit le plus propre pour son campement, et d'où il tenait également en échec les Saxons et les Hanovriens.

La plupart des souverains étaient encore dans l'incertitude; ils ne pouvaient point débrouiller le dénoûment qui se préparait. La mission du comte de Gotter à Vienne, d'autre part l'entrée des troupes prussiennes en Silésie, leur présentaient une énigme, et ils s'efforçaient à deviner si la Prusse était l'alliée ou l'ennemie de la reine de Hongrie. De toutes les puissances de l'Europe, la France était sans contredit la plus propre pour assister les Prussiens dans leurs entreprises : tant de raisons rendaient les Français ennemis des Autrichiens, que leur intérêt devait les porter à se déclarer les amis du Roi. Ce prince, pour sonder le terrain, avait écrit au cardinal de Fleury, et quoiqu'il n'eût fait qu'effleurer les objets, il en disait assez pour être entendu. Le Cardinal s'ouvrit davantage dans sa réponse; [19] il y dit sans détour : «Que la garantie de la pragmatique sanction que Louis XV avait donnée à feu l'empereur, ne l'engageait à rien, par ce correctif qu'on y avait glissé : *sauf les droits d'un tiers;* de plus, que feu l'empereur n'avait pas accompli l'article principal de ce traité, par

[a] Göttin.

[19] Lettre datée d'Issy, 25 janvier 1741.

lequel il s'était chargé de procurer à la France la garantie de l'Empire du traité de Vienne.» Le reste de la lettre contenait une déclamation assez vive contre l'ambition de l'Angleterre, un panégyrique de la France et des avantages qu'on rencontrait dans son alliance, avec un détail circonstancié des raisons qui devaient porter les électeurs à placer l'électeur de Bavière sur le trône impérial. Le Roi continua cette correspondance; il marqua au Cardinal le désir sincère qu'il avait de s'unir avec le Roi Très-Chrétien, en l'assurant de toute la facilité qu'il apporterait de sa part, pour terminer le plus promptement cette négociation.

La Suède voulait aussi jouer un rôle dans les troubles qui allaient survenir. Elle était alliée de la France, et, par l'instigation de cette puissance, elle avait fait passer un corps de troupes en Finlande sous les ordres du général Buddenbrock: ce corps, qui avait inspiré de la jalousie à la Russie, accéléra l'alliance qu'elle fit avec la Prusse; mais ces engagements pensèrent être détruits aussitôt que formés. Le roi de Pologne venait d'envoyer le beau comte Lynar à Pétersbourg. Ce ministre plut à la princesse de Mecklenbourg, régente de la Russie; et, comme les passions du cœur influent sur les délibérations de l'esprit, la Régente fut bientôt liée avec le roi de Pologne. Cette passion aurait pu devenir aussi funeste à la Prusse que l'amour de Pâris et de la belle Hélène le fut à Troie: une révolution que nous rapporterons en son lieu, en prévint les effets.

Les plus grands ennemis du Roi, comme c'est l'ordinaire, étaient ses plus proches voisins. Les rois de Pologne et d'Angleterre, qui se reposaient sur les intrigues que Lynar liait en Russie, conclurent entre eux une alliance offensive,[a] par laquelle ils se partageaient les provinces prussiennes; leur imagination les engraissait de cette proie, et tandis qu'ils déclamaient contre l'ambition d'un jeune prince leur voisin, ils croyaient déjà jouir de ses dépouilles, dans l'espérance que la Russie et les princes de

[a] Le Roi désigne ici le traité projeté, en février 1741, entre la reine de Hongrie, l'Angleterre, la Russie, les états généraux et le roi de Pologne, dont le xe article partageait en effet ses États entre les parties contractantes; mais la ratification de cette convention éprouva des difficultés.

l'Empire concouraient pour faire réussir leurs desseins ambitieux. C'était le moment qu'aurait dû saisir la cour de Vienne pour s'accommoder avec le Roi : si alors elle lui avait cédé le duché de Glogau, le Roi s'en serait contenté, et l'aurait assistée envers et contre tous ses autres ennemis ; mais il est bien rare que les hommes cèdent ou se roidissent toujours à propos. Le signal de la guerre fut donc donné à l'Europe. Partout on se tâtait, on négociait, on intriguait pour s'arranger et former des alliances ; mais les troupes d'aucune puissance n'étaient mobiles ; aucune n'avait eu le temps d'amasser des magasins, et le Roi profita de cette crise pour exécuter ses grands projets.

CHAPITRE III.

Campagne de 1741. Négociations de paix. Hommage de Breslau. Retour à Berlin.

Les renforts pour l'armée de Silésie arrivèrent à Schweidnitz au mois de février. De leur côté, les Autrichiens se préparaient également pour la guerre; ils tirèrent le maréchal Neipperg des prisons de Brünn,[a] où il avait été détenu depuis la paix de Belgrad, pour lui confier le commandement de cette armée qui devait reconquérir la Silésie. Ce maréchal assembla ses troupes aux environs d'Olmütz, et il détacha le général Lentulus avec un corps pour occuper les gorges de la principauté de Glatz, par où Lentulus se trouvait à portée de couvrir la Bohême, et de joindre l'armée de Neipperg dans les opérations qu'il méditait sur Neisse. Les hussards autrichiens préludaient déjà sur la guerre: ils se glissaient entre les postes des Prussiens, tâchaient d'enlever de petits détachements et d'intercepter des convois; il se passa de petites actions, toutes aussi favorables à l'infanterie du Roi que fâcheuses pour sa cavalerie. Ce prince, en arrivant en Silésie, se proposa de faire le tour de ses quartiers, pour se procurer la connaissance d'un pays qui lui était nouveau. Il partit donc de Schweidnitz, et vint à Frankenstein. Le général Derschau, qui commandait dans cette partie, avait poussé deux postes en avant: l'un était à Silberberg, et l'autre à Wartha, tous deux dans les gorges des montagnes. Le Roi voulut les visiter; les ennemis en

[a] Raab.

eurent vent, et tentèrent de l'enlever : ils tombèrent par méprise sur une escorte de dragons postés en relais auprès du village de Baumgarten, entre Silberberg et Frankenstein. Le colonel Diersfordt,[a] qui commandait cette escorte, ignorait trop la guerre pour manœuvrer avec avantage contre des troupes légères : il fut battu et perdit quarante maîtres. On entendit cette tiraillerie à Wartha : le Roi, qui s'y trouvait, rassembla quelques troupes à la hâte, pour accourir au secours des dragons qui étaient à un mille de là ; mais il arriva après coup. C'était une étourderie de la part d'un souverain de s'aventurer si mal accompagné. Si le Roi avait été fait prisonnier dans cette occasion,[b] la guerre était terminée : les Autrichiens auraient triomphé sans coup férir; la bonne infanterie prussienne serait devenue inutile, ainsi que tous les projets d'agrandissement que le Roi se proposait d'exécuter.

Plus que l'on approchait de l'ouverture de la campagne,[20] plus les affaires devenaient sérieuses. Le rapport des espions s'accordait unanimement à confirmer que les ennemis se renforçaient dans leurs postes; qu'il leur arrivait de nouvelles troupes; et qu'ils méditaient de surprendre les Prussiens dans leurs quartiers, en y pénétrant ou par Glatz ou par Zuckmantel. Vers le même temps, cent dragons et trois cents hussards autrichiens s'étaient jetés dans Neisse. Cet indice seul était suffisant pour dévoiler en partie les desseins des ennemis, et cela fut cause que le Roi donna des ordres pour resserrer ses quartiers; il aurait dû sur-le-champ les rassembler tous; mais il était encore alors sans expérience, et c'était proprement sa première campagne. La saison n'était pas assez avancée pour que les blocus de Glogau et de Brieg pussent se convertir en siége. Il y avait cependant un projet tout arrangé pour prendre Glogau d'emblée, et le prince Léopold d'Anhalt eut ordre de l'exécuter sans perdre de temps. Ce fut le 9 de mars que la ville fut attaquée par cinq endroits à la fois, et prise en moins d'une heure de temps; la cavalerie même franchit les remparts, tant les ouvrages étaient tombés en ruine. Au-

[a] Le lieutenant-colonel de Wylich-Diersfordt était commandeur des grenadiers à cheval.

[b] 27 février, combat de Baumgarten.

[20] Mars.

cune maison ne fut pillée, aucun bourgeois ne fut insulté, et la discipline prussienne brilla avec tout son éclat. Wallis et toute sa garnison devinrent prisonniers de guerre. Un régiment de la nouvelle création en prit possession; on fit travailler d'abord à perfectionner les ouvrages, et le prince Léopold, avec le corps qu'il commandait, joignit le Roi à Schweidnitz.

Ce n'était pas tout que d'avoir pris Glogau: les troupes étaient encore trop éparpillées pour se joindre au besoin; surtout les quartiers qu'occupait le maréchal de Schwerin en Haute-Silésie, étaient ceux qui causaient le plus d'inquiétude. Le Roi voulut que le maréchal les levât, et qu'il se repliât sur la Neisse, où le Roi pourrait le joindre avec toutes les troupes de la Basse-Silésie. Schwerin n'était pas de ce sentiment; il écrivait que si on voulait le renforcer, il promettait de soutenir ses quartiers jusqu'au printemps. Pour cette fois, le Roi en crut plus son maréchal qu'il ne s'en crut lui-même. Sa crédulité pensa lui devenir fatale; et comme s'il eût fallu accumuler ses fautes, il se mit lui-même à la tête de huit escadrons et de neuf bataillons, pour se rendre à Jägerndorf. Il rencontra le maréchal à Neustadt; la première question fut: «Quelle nouvelle avez-vous des ennemis?» «Aucune, reprit le maréchal, sinon que les troupes autrichiennes «sont dispersées le long des frontières depuis la Hongrie jusqu'à «Braunau en Bohême;» mais qu'il attendait à tout moment le retour de son espion.

Le lendemain, le Roi arriva à Jägerndorf; son dessein était d'en partir le jour suivant, pour ouvrir la tranchée devant Neisse, où le maréchal Kalckstein l'attendait avec dix bataillons et autant d'escadrons. Le duc de Holstein, qui était alors à Frankenstein, devait y joindre le Roi également avec sept bataillons et quatre escadrons. Lorsque le Roi touchait au moment de son départ,[21] et qu'il donnait ses derniers ordres au maréchal, comme au prince Léopold, sept dragons autrichiens arrivèrent: on apprit de ces déserteurs qu'ils avaient quitté l'armée à Freudenthal (qui n'est qu'à un mille et demi de Jägerndorf); que leur cavalerie y campait, et qu'elle y attendait l'arrivée de l'infanterie et du canon, pour traverser les quartiers prussiens, et les obliger à lever le

[21] 2 avril.

blocus de Neisse. Dans ce temps même, on entendit escarmoucher devant la ville; tout le monde crut que l'avant-garde de M. de Neipperg était sur le point d'investir Jägerndorf. Il n'y avait que cinq bataillons dans cette malheureuse ville, cinq pièces de trois livres, et assez de poudre pour quarante charges. La situation aurait été désespérée, si M. de Neipperg avait su en profiter; mais la montagne n'enfanta qu'une souris. Les ennemis voulaient savoir si les Prussiens étaient encore dans leur quartier; pour s'en instruire, leurs troupes légères allaient escarmoucher devant chaque ville, afin de rapporter à leurs officiers ce qui en était.

Les desseins des ennemis s'étant tout manifestés, le Roi ne balança plus un moment pour rassembler l'armée. Les troupes de la Basse-Silésie eurent ordre de passer la Neisse à Sorge, et celles de la Haute-Silésie, de joindre le Roi à Jägerndorf. Le 4 d'avril, le Roi partit pour Neustadt avec tous ces corps rassemblés, en côtoyant l'armée ennemie, qui marchait par Zuckmantel et Ziegenhals vers Neisse. Le lendemain,[22] il se porta sur Steinau, éloigné d'un mille de Sorge, où il avait fait construire des ponts sur la rivière de Neisse. Il fallut lever le blocus de Brieg, et le général Kleist reçut ordre de joindre l'armée avec son détachement; le duc de Holstein reçut des ordres pareils, réitérés à plusieurs reprises : ceux qui en étaient chargés ne purent les lui rendre; et il demeura tranquillement à Frankenstein, voyant passer l'ennemi à sa droite et à sa gauche sans s'en embarrasser. Des déserteurs de l'armée autrichienne arrivèrent à Steinau; ils déposèrent que le général Lentulus avait joint le même jour le maréchal Neipperg auprès de Neisse. Sur cette nouvelle, les quartiers prussiens furent resserrés à l'instant à l'entour de Steinau, et le Roi choisit un poste où il pût recevoir l'ennemi, au cas qu'il voulût se porter sur les Prussiens. Pour comble d'embarras, le feu prit sur le soir au quartier de Steinau; ce ne fut que par bonheur qu'on sauva le canon et les munitions de guerre par des rues étroites dont toutes les maisons étaient enflammées; les troupes passèrent la nuit au bivouac, sur le terrain que le Roi avait choisi pour son camp.

[22] 5 avril.

Le lendemain,[23] ce petit corps de treize bataillons et de quinze escadrons, après une marche assez fatigante, arriva à Falkenberg. Il y arriva des nouvelles du colonel Stechow qui couvrait le pont de Sorge avec quatre bataillons, qui marquaient que l'ennemi se fortifiait de l'autre côté de la rivière, et faisait même un feu assez vif sur les Prussiens. Le prince Charles y marcha aussitôt avec quatre bataillons, et il avertit le Roi[a] que Lentulus se trouvait sur l'autre bord de la Neisse avec cinquante escadrons, et rendait le passage absolument impraticable, parce que le terrain était trop étroit pour déboucher. Cela obligea de changer la direction de la marche : on prit la route de Michelau, autre pont sur la Neisse, où le général Marwitz était déjà avec les troupes rassemblées des quartiers de Schweidnitz et du blocus de Brieg. Le pont de Sorge fut levé sans perte de temps, et le soir tous ces différents corps joignirent le Roi.

Le lendemain,[24] l'armée passa la Neisse à Michelau, dans le dessein de marcher sur Grottkau. Un courrier qui avait passé cette ville, apporta des dépêches au Roi, de sorte qu'il ne se doutait de rien. Une neige qui tombait à gros flocons pressés, interceptait la lumière, et empêchait de discerner les objets. On marchait toujours. Les hussards de l'avant-garde entrèrent dans le village de Leipe, qui est sur ce chemin, et donnèrent, sans le savoir, sur un régiment de hussards ennemis qui y cantonnait. Les Prussiens prirent quarante des ennemis tant à pied qu'à cheval,

23 6 avril. [Le Roi marcha le 6 avril de Steinau sur Friedland; mais se voyant dans l'impossibilité de passer la Neisse près de Sorge, il se résolut à la passer dans le voisinage de Michelau; à cet effet, il se dirigea le 7 sur Falkenberg, et le 8 il traversa le pont situé près de Michelau. C'est dans ce dernier endroit qu'eut lieu sa jonction avec le prince héréditaire Léopold.]

a Sur le rapport du margrave Charles, le Roi détacha le prince héréditaire Léopold d'Anhalt-Dessau. Lorsqu'il le revit, le 8 avril, auprès de Michelau, il le nomma général de l'infanterie, par un brevet daté du 9, pour avoir sauvé un pont de bateaux le jour précédent. Le Prince héréditaire se distingua pareillement auprès de Mollwitz, et fut élevé au grade de feld-maréchal sur le champ de bataille de Chotusitz : il est cependant ici passé sous silence, comme dans le récit de la bataille de Mollwitz, et blâmé dans celui de la bataille de Chotusitz.

Le Roi s'est également abstenu ici de relever le mérite de la prise de Glogau par le Prince héréditaire; mais il le fit dans sa lettre au prince régnant d'Anhalt-Dessau datée de Schweidnitz, le 10 mars 1741.

24 8 avril.

et l'on apprit d'eux qu'environ avant une demi-heure M. de Neipperg venait de prendre Grottkau : un lieutenant, nommé Mützschefahl, y commandait avec soixante hommes; il se défendit trois heures contre toute l'armée autrichienne. Les déserteurs déposèrent de plus que le lendemain l'ennemi marcherait à Ohlau, pour y prendre la grosse artillerie que le Roi y avait mise en dépôt. Sur cette nouvelle, les différentes colonnes de l'armée, qui étaient toutes en marche, furent aussitôt assemblées. Le Roi la partagea en quatre divisions, qui cantonnèrent dans quatre villages, assez près les unes des autres pour qu'en moins d'une heure elles pussent être assemblées à leur rendez-vous. Le Roi prit son quartier dans les villages de Pogarell et d'Alzenau,[a] d'où il dépêcha différents officiers à la garnison d'Ohlau pour l'avertir de son approche, et pour attirer à lui deux régiments de cuirassiers qui venaient d'arriver dans ces environs; aucun de ces officiers ne put y arriver, à cause des partis ennemis qui infestaient ces contrées.

Le jour suivant, la neige fut si épaisse, qu'à peine distinguait-on les objets à vingt pas; cependant on apprit que l'ennemi s'était approché de Brieg. Si ce mauvais temps avait continué, l'embarras des Prussiens n'aurait fait que s'accroître : les vivres commençaient à devenir rares; il fallait secourir Ohlau, et en cas de malheur il n'y avait aucune retraite; mais la fortune suppléa à la prudence.

Le lendemain, 10 d'avril, le temps parut clair et serein; et, quoique la terre fût couverte de deux pieds de neige, rien ne s'opposait aux opérations qu'on voulait entreprendre. Dès les cinq heures du matin, l'armée se rassembla auprès du moulin de Pogarell : elle consistait en vingt-sept bataillons, vingt-neuf escadrons de cavalerie et trois de hussards. Elle se mit en marche sur cinq colonnes : celle du milieu était d'artillerie; les deux plus voisines du centre, d'infanterie; et les deux aux extrémités des ailes, de cavalerie. Le Roi savait que l'ennemi lui était supérieur en cavalerie : pour obvier à cet inconvénient, il mêla entre les escadrons de chaque aile deux bataillons de grenadiers; c'était une disposition dont Gustave-Adolphe avait fait usage à la bataille de Lützen, et dont selon toute apparence on ne se servira plus.

[a] Ces deux villages ne sont séparés que par une route.

L'armée s'avança dans cet ordre vers l'ennemi, en suivant la direction du chemin qui mène à Ohlau. Le général Rottembourg,[a] qui menait l'avant-garde, en passant auprès du village de Pampitz prit une vingtaine de prisonniers, qui confirmèrent l'avis que des paysans du village de Mollwitz étaient venus donner au Roi, que l'armée ennemie était cantonnée dans Mollwitz, Grüningen et Hünern. Dès que les colonnes se trouvèrent à deux mille pas environ de Mollwitz, l'armée se déploya pour se mettre en bataille, sans qu'on vît paraître d'ennemis en campagne. La droite devait s'appuyer au village de Herrendorf:[b] M. de Schulenbourg, qui commandait la cavalerie de cette aile, s'y prit si maladroitement, qu'il n'y arriva point: la gauche était appuyée au ruisseau de Laugwitz, dont les bords sont marécageux et profonds. Cependant, comme la cavalerie de la droite n'avait pas donné assez de champ pour l'infanterie, on fut obligé de retirer trois bataillons de la première ligne, dont, par un heureux hasard, on forma un flanc pour couvrir la droite des deux lignes d'infanterie. Cette disposition fut la principale cause du gain de cette bataille. Le bagage fut parqué auprès du village de Pampitz, environ à mille pas derrière les lignes, et le régiment de la Motte,[25] qui dans ce moment venait joindre l'armée, le couvrit. Rottembourg, avec l'avant-garde, s'approcha de Mollwitz, d'où il vit déboucher les Autrichiens : il aurait dû les attaquer dans ce désordre, s'il n'avait eu des ordres précis de ne rien engager; ainsi il ramena sa troupe à l'aile droite, dont elle faisait partie.

Il doit paraître étonnant qu'un général expérimenté comme M. de Neipperg se fût laissé surprendre de cette manière; il était cependant excusable. Il avait donné des ordres à différents officiers de hussards de battre la campagne, surtout vers le chemin de Brieg : soit paresse, soit négligence, ces officiers ne s'acquittèrent pas de leur devoir, et le maréchal n'eut des nouvelles de l'approche du Roi qu'en voyant son armée en bataille vis-à-vis de ses cantonnements. M. de Neipperg fut réduit à mettre ses troupes en bataille sous le feu du canon prussien, qui était

[a] Le colonel comte Rottembourg devint général-major le 31 octobre 1741.
[b] Hermsdorf.
[25] Il arrivait d'Oppeln.

promptement et bien servi; son aile droite de cavalerie, sous les ordres de M. de Römer,[a] arriva la première. Cet officier intelligent et déterminé, vit que l'aile droite des Prussiens était plus près de Mollwitz que la gauche; il comprit qu'en restant dans son poste, M. de Neipperg risquait d'être battu avant que la cavalerie de sa gauche fût arrivée, et, sans attendre l'ordre de personne, il résolut d'attaquer la droite des Prussiens. M. de Schulenbourg, pour gagner le village de Herrendorf, fit très-maladroitement par escadrons un quart de conversion à droite; M. de Römer, qui s'en aperçut, sans se former donna à bride abattue et en colonne sur cette aile que M. de Schulenbourg commandait : les trente escadrons des troupes de la Reine qu'il menait, culbutèrent dans l'instant les dix escadrons prussiens, dont chacun leur prêtait le flanc gauche. Cette cavalerie en déroute passa devant et entre les lignes de l'infanterie, qu'elle aurait culbutée, si l'infanterie n'avait fait feu sur ces fuyards; ce qui en même temps écarta les ennemis. M. de Römer y fut tué; mais ce qui doit surprendre tout militaire, c'est que ces deux bataillons de grenadiers qui avaient été entrelacés entre les escadrons de la droite, se soutinrent seuls, et se joignirent, en bon ordre, à la droite de l'infanterie. Le Roi, qui croyait rallier la cavalerie comme on arrête une meute de cerfs, fut entraîné dans leur déroute jusqu'au centre de l'armée, où il parvint à rallier quelques escadrons, qu'il ramena à la droite. Ils furent obligés d'attaquer les Autrichiens à leur tour; mais des troupes battues et ramassées à la hâte ne tiennent guère; ils se débandèrent, et M. de Schulenbourg périt dans cette charge.[b] La cavalerie ennemie, victorieuse, tombant alors sur le flanc droit de l'infanterie prussienne, où nous avons

[a] L'armée autrichienne, qui avait dirigé ses vues sur Ohlau, surprise par le Roi auprès de Mollwitz, dut s'occuper à lui faire face : en conséquence Römer, qui primitivement se tenait à l'aile droite, changea aussi son front de bataille, et cette même aile droite, devenue aile gauche, attaqua l'aile droite des Prussiens.

[b] Adolphe-Frédéric comte de Schulenbourg, lieutenant-général et chevalier de l'Aigle noir, chef des grenadiers à cheval, né à Wolfenbüttel le 8 décembre 1685.

Les dix escadrons formant le régiment des grenadiers à cheval, furent partagés après la bataille de Mollwitz en deux régiments de dragons, n° 3 et 4, qui composent depuis 1808 le régiment de dragons n° 3.

dit qu'avaient été placés trois bataillons qui n'avaient point place dans la première ligne, cette infanterie fut vigoureusement attaquée à trois reprises : des officiers autrichiens tombèrent blessés entre ses rangs; elle désarçonna à coups de baïonnette des cavaliers ennemis, et, à force de valeur, elle repoussa cette cavalerie, qui y perdit beaucoup de monde. M. de Neipperg saisit ce moment; son infanterie s'ébranla pour entamer la droite des Prussiens, dépourvue de cavalerie; secondé de sa cavalerie autrichienne, il fit des efforts incroyables pour enfoncer les troupes du Roi, mais inutilement : cette valeureuse infanterie résistait comme un rocher à leurs attaques, et par son feu leur détruisit beaucoup de monde.

A la gauche des Prussiens, les choses étaient moins hasardées : cette aile, qu'on avait refusée à l'ennemi, était appuyée au ruisseau de Laugwitz; au delà de ce marais, la cavalerie du Roi avait chargé celle de la reine de Hongrie, et l'avait battue. Cependant le feu de l'infanterie de la droite durait depuis près de cinq heures avec beaucoup de vivacité; les munitions des soldats étaient consumées, et ils dépouillaient les fournitures des morts pour trouver de la poudre à charger. La crise était si violente, que de vieux officiers croyaient les affaires sans ressource,[a] et prévoyaient le moment où ce corps sans munition serait obligé de se rendre à l'ennemi; mais il n'en fut pas ainsi, et cela doit apprendre aux jeunes militaires à ne pas désespérer trop vite, car non seulement l'infanterie se soutint, mais elle gagna du terrain sur l'ennemi. Le maréchal de Schwerin, qui s'en aperçut, fit alors un mouvement avec sa gauche, qu'il porta sur le flanc droit des Autrichiens. Ce mouvement fut le signal de la victoire, et de la défaite des ennemis : leur déroute fut totale; la nuit empêcha les Prussiens de poursuivre leurs avantages au delà du village de Laugwitz. Alors arrivèrent ces dix escadrons d'Ohlau,[b] mais

[a] Dans ce moment critique, il paraît que le Roi quitta le champ de bataille; mais il n'en fait pas non plus mention dans le rapport circonstancié daté d'Ohlau, le 11 avril, et adressé par lui au prince régnant de Dessau.

[b] Dans l'*Éloge de Goltz*, le lieutenant-colonel de Goltz est mentionné par le Roi comme étant l'officier qui depuis Ohlau hâta la marche des quatorze escadrons (et non pas dix), et les employa à la poursuite de l'ennemi.

trop tard; une chaussée qu'ils avaient à passer pour joindre l'armée, leur avait été barrée par les hussards autrichiens, qui les arrêtèrent longtemps à ce débouché, et ils ne l'abandonnèrent qu'en voyant les leurs en fuite. Cette journée coûta à l'armée de la Reine cent quatre-vingts officiers, sept mille morts, tant cavaliers que fantassins; ils perdirent sept pièces de canon, trois étendards et mille deux cents hommes qui furent faits prisonniers. Du côté des Prussiens, on compta deux mille cinq cents morts, parmi lesquels était le margrave Frédéric,[a] cousin du Roi; et trois mille blessés. Le premier bataillon des gardes, sur lequel tomba l'effort principal de l'ennemi, y perdit la moitié de ses officiers; et de huit cents hommes dont il était composé, il n'en resta que cent quatre-vingts en état de faire le service.

Cette journée devint une des plus mémorables de ce siècle, parce que deux petites armées y décidèrent du sort de la Silésie, et que les troupes du Roi y acquirent une réputation que le temps ni l'envie ne pourront leur ravir.

Le lecteur aura remarqué sans doute dans le récit de cette ouverture de campagne, que c'était à qui ferait le plus de fautes, du Roi ou du maréchal Neipperg. Si le général autrichien était supérieur par ses projets, les Prussiens l'étaient par l'exécution. Le plan de M. de Neipperg était sage et judicieux : en entrant en Silésie, il sépare les quartiers du Roi; il pénètre à Neisse, où Lentulus le joint, et il est sur le point non seulement de s'emparer de l'artillerie royale, mais encore d'enlever aux Prussiens leurs magasins de Breslau, les seuls qu'ils avaient. Mais M. de Neipperg aurait pu surprendre le Roi à Jägerndorf, et par ce coup seul terminer toute cette guerre; de Neisse il aurait pu enlever le corps du duc de Holstein, qui cantonnait à un mille de là; avec un peu plus d'activité, il aurait pu empêcher le Roi de passer la Neisse à Michelau; de Grottkau encore il aurait dû marcher jour et nuit pour prendre Ohlau, et couper le Roi de Breslau : au lieu de saisir ces occasions, par une sécurité impardonnable

[a] Frédéric, margrave de Brandebourg, né le 13 août 1710, était fils du margrave Albert-Frédéric et petit-fils du Grand Électeur. Il était colonel dans le régiment d'infanterie du margrave Charles, son frère, lorsqu'il mourut au champ d'honneur.

il se laissa surprendre, et fut battu en grande partie par sa propre faute.

Le Roi donna encore plus de prise que lui à la censure : il fut averti à temps du projet des ennemis, et il ne prit aucune mesure suffisante pour s'en garantir; au lieu de marcher à Jägerndorf, pour éparpiller encore plus ses troupes, il aurait dû rassembler toute son armée, et la placer en cantonnements resserrés aux environs de Neisse; il se laissa couper du duc de Holstein, et se mit dans la nécessité de combattre dans une position où, en cas de malheur, il n'avait aucune retraite, où il risquait de perdre l'armée, et de se perdre lui-même; arrivé à Mollwitz, où l'ennemi cantonnait, au lieu de marcher avec vivacité pour séparer les cantonnements des troupes de la Reine, il perd deux heures à se former méthodiquement devant un village où aucun ennemi ne paraissait. S'il avait seulement attaqué ce village de Mollwitz, il y eût pris toute cette infanterie autrichienne, à peu près de même que vingt-quatre bataillons français le furent à Blenheim; mais il n'y avait dans son armée que le maréchal de Schwerin qui fût un homme de tête et un général expérimenté. Il régnait beaucoup de bonne volonté dans les troupes; mais elles ne connaissaient que les petits détails, et, faute d'avoir fait la guerre, elles n'allaient qu'en tâtonnant, et craignaient les partis décisifs. Ce qui sauva proprement les Prussiens, ce fut leur valeur et leur discipline. Mollwitz fut l'école du Roi et de ses troupes : ce prince fit des réflexions profondes sur toutes les fautes qu'il avait faites, et il tâcha de s'en corriger dans la suite.

Le duc de Holstein avait eu occasion de frapper un grand coup; mais pour lui les occasions étaient perdues. N'ayant point reçu d'ordre du Roi, il avait marché, sans trop savoir pourquoi, d'Ottmachau à Strehlen; il s'y trouva précisément le jour de la bataille, et entendit le feu des deux armées. Le 11, toutes les troupes des Autrichiens en déroute passèrent à un mille de son poste : il en aurait pu détruire les restes; mais, faute de savoir prendre une résolution, il laissa le champ libre à M. de Neipperg, qui rassembla ses fuyards de l'autre côté de la ville de Neisse; et le duc de Holstein joignit tranquillement l'armée du Roi auprès d'Ohlau. Après sa jonction et l'arrivée d'autres renforts, ce corps rassemblé consistait en quarante-trois bataillons, soixante-six escadrons de cavalerie et trois de hussards.

Pour profiter de cette victoire, il fut résolu d'entreprendre le siége de Brieg. Le maréchal de Kalckstein fut chargé de la conduite de ce siége, et l'armée du Roi se campa auprès de Mollwitz pour le couvrir. Huit jours après l'ouverture de la tranchée, M. Piccolomini, qui était commandant de la place, capitula avant que son chemin couvert fût emporté, et lorsqu'il n'y avait encore aucune brèche aux ouvrages. L'armée resta trois semaines au camp de Mollwitz, pour donner le temps de combler les tranchées, et de ravitailler la place de Brieg, dont toutes les munitions avaient été consumées. Le Roi profita de cette inaction pour exercer sa cavalerie, pour lui apprendre à manœuvrer et à changer sa pesanteur en célérité; elle fut souvent envoyée en parti pour que les officiers apprissent à profiter du terrain, et qu'ils prissent plus de confiance en eux-mêmes.

Dans ce temps, Winterfeldt, le même qui avait négocié une alliance en Russie, fit un si beau coup à la tête d'un détachement, qu'il acquit la réputation d'être aussi bon officier que bon négociateur: il surprit et battit le général Baranyai à Rothschloss, et lui prit trois cents prisonniers. Comme les Prussiens jouissaient de la faveur du pays, ils avaient les meilleures nouvelles; ce qui leur procura à la petite guerre plusieurs avantages. Cependant nous ne rapporterons point toutes les actions semblables, par exemple, comment les Autrichiens ruinèrent auprès de Leubus un nouveau régiment de hussards de Bandemer; comment ils prirent une centaine d'uhlans auprès de Strehlen; comment ils brûlèrent Zobten; comment les Prussiens les battirent à Friedewalde et en d'autres rencontres : parce que ce n'est pas l'histoire des hussards, mais celle de la conquête de la Silésie, que nous nous sommes proposé de décrire.

La bataille qui en avait presque décidé, causa des sensations bien différentes en Europe. La cour de Vienne, qui s'attendait à des succès, s'irrita et s'aigrit de ses pertes : dans l'espérance d'avoir sa revanche, elle tira des troupes de la Hongrie et quantité de milices, dont elle renforça M. de Neipperg. Le roi d'Angleterre et celui de Pologne commencèrent à respecter l'armée commandée par le prince d'Anhalt, que d'abord ils avaient méprisée. L'Empire était comme étourdi d'apprendre que de vieilles bandes autrichiennes avaient été défaites par des troupes peu expérimentées. En France, on se réjouit de cette victoire : la cour se flattait qu'en se mêlant de cette guerre, elle arriverait à temps pour donner le coup de grâce à la maison d'Autriche.

Par une suite de cette disposition favorable, le maréchal de Belle-Isle, ambassadeur de France à la diète d'élection qui se tenait à Francfort, vint dans le camp [26] du Roi lui proposer de la part de son maître un traité d'alliance, dont les articles principaux roulaient sur l'élection de l'électeur de Bavière, sur le partage et le démembrement des provinces de la reine de Hongrie, et sur la garantie que la France promettait donner de la Basse-Silésie, à condition que le Roi renonçât à la succession des duchés de Juliers et de Berg, et qu'il promît sa voix à l'électeur de Bavière. Ce traité fut ébauché, et il fut stipulé de plus que la France enverrait deux armées dans l'Empire, dont l'une irait au secours de l'électeur de Bavière, et l'autre s'établirait en Westphalie, pour en imposer en même temps aux Hanovriens et aux Saxons; et qu'enfin, préférablement à tout, la Suède déclarerait la guerre à la Russie, pour lui donner de l'occupation sur ses propres frontières. Ce traité, tel avantageux qu'il paraissait, ne fut pas signé. Le Roi ne voulait rien précipiter dans des démarches d'aussi grande conséquence, et il se réservait ce parti comme une dernière ressource. Le maréchal de Belle-Isle se livrait souvent trop à son imagination; on aurait dit, à l'entendre, que toutes les provinces de la reine de Hongrie étaient à l'encan. Un jour qu'il se trouvait auprès du Roi, ayant un air plus occupé et plus rêveur que d'ordinaire, ce prince lui demanda s'il avait reçu quelque nouvelle désagréable? «Aucune, répondit le maréchal; mais ce qui m'embarrasse, Sire, c'est que je ne sais ce que nous ferons de cette Moravie.» Le Roi lui proposa de la donner à la Saxe, pour attirer par cet appât le roi de Pologne dans la grande alliance : le maréchal trouva l'idée admirable, et l'exécuta dans la suite.

Ce n'était pas à la France seule que se bornaient les négociations des Prussiens; elles s'étendaient en Hollande, en Angleterre

[26] De Mollwitz.

et par toute l'Europe. Sur quelques propositions qui avaient été jetées en avant dans une lettre que le Roi avait écrite au roi d'Angleterre, ce prince avait répondu[27] que ses engagements l'obligeaient, à la vérité, à soutenir l'indivisibilité de la succession de Charles VI, et qu'il voyait avec peine la rupture de la bonne intelligence entre les Prussiens et les Autrichiens; qu'il offrait cependant volontiers ses bons offices pour moyenner une réconciliation entre ces deux cours : il envoya le lord Hyndford comme ministre d'Angleterre, et le sieur Schwicheldt comme ministre de Hanovre. Ces deux négociateurs étaient, quoiqu'au service du même prince, chargés d'instructions toutes différentes. Le Hanovrien voulait qu'on achetât la neutralité de son maître en lui garantissant les évêchés de Hildesheim, d'Osnabrück et les bailliages qui lui sont hypothéqués dans le Mecklenbourg : on lui donna un contre-projet dans lequel les intérêts de la Prusse étaient mieux ménagés. L'Anglais offrait les bons offices de son maître pour engager la reine de Hongrie à la cession de quelques principautés de la Basse-Silésie : on éluda d'entrer sur ces points dans une négociation formelle, avant d'être préalablement instruit des dispositions où se trouvait la cour de Vienne. Ces ministres étaient dans le camp du Roi, et il paraissait singulier que le lord Hyndford donnât plus d'ombrage au sieur Schwicheldt que le maréchal de Belle-Isle, d'autant plus que ce Hanovrien recommandait sur toute chose qu'on fît un mystère de ses négociations au ministre d'Angleterre.

Ces Anglais et ces Hanovriens qui flattaient le Roi dans son camp, ne voulaient que l'endormir : ils n'en agissaient pas de même dans les autres cours de l'Europe. En Russie, Finch, ministre anglais, y soufflait la guerre; les intrigues du comte de Botta et les charmes du beau Lynar perdirent ce brave maréchal Münnich. Le prince de Brunswic, général en chef de la Russie, poussé par sa grand'mère, par l'Impératrice douairière, et par ces ministres étrangers, qui étaient autant de boute-feux, allait incessamment engager la Russie à déclarer la guerre à la Prusse. Les troupes s'assemblaient déjà en Livonie; le Roi en était informé, et c'est ce qui lui inspirait de la méfiance pour les Anglais,

[27] Le 19 décembre 1740.

dont il découvrait la duplicité. Les intrigues anglaises avaient également extorqué du grand pensionnaire de Hollande une lettre déhortatoire [28] pour engager le Roi à retirer ses troupes de la Silésie.

Toutes ces machinations des Anglais, et surtout ce qu'on prévoyait en Russie, déterminèrent enfin le Roi à signer son traité avec la France,[a] aux conditions dont il était convenu avec le maréchal de Belle-Isle. On y ajouta les deux articles suivants : que les Français commenceraient leurs opérations avant la fin d'août; et que ce traité serait tenu secret jusqu'à ce que sa publication ne pût plus porter de préjudice aux intérêts des Prussiens. On ne perdit pas de temps pour conclure cette alliance; il fallait se presser : on voyait éclater la mauvaise volonté des Russes; on voyait aux troupes hanovriennes, qui campaient déjà depuis le mois d'avril, joints six mille Danois et six mille Hessois auxquels l'Angleterre donnait des subsides; les Saxons, de leur côté, se préparaient de même, et il était question de joindre leurs troupes à celles des Hanovriens. Il ne restait donc qu'à gagner du temps, pour que le secours des Français pût arriver, et amuser le mieux qu'on le pouvait le lord Hyndford et le sieur Schwicheldt, pour qu'ils ne pussent pas même soupçonner le traité qu'on venait de signer avec la France. Le Roi et ses ministres y réussirent si bien, que cette négociation qui paraissait toujours sur le point d'être terminée, s'accrochait toujours à quelque nouvelle circonstance qui obligeait l'Anglais de demander à sa cour de plus amples instructions; on était sur le point de conclure, et on ne finissait jamais.

Le camp du Roi avait pris la forme d'un congrès; mais l'armée se mit en mouvement, et elle reprit le ton militaire. Dès que la ville de Brieg fut ravitaillée, l'armée se mit en marche, et vint camper auprès de Grottkau. M. de Neipperg était à trois milles de là, derrière la ville de Neisse, où il s'était mis dans un camp inexpugnable. On changea de camp pour la commodité des subsistances; l'armée occupa les hauteurs de Strehlen, d'où, en s'approchant de Breslau, elle pouvait tirer ses vivres et nourrir la

28 Présentée par Ginkel le 15 juin.

a C'est le traité de Breslau du 5 juin 1741.

cavalerie à sec le reste de la campagne. De ce poste elle était à une égale portée de Brieg et de Schweidnitz, et couvrait toute la Basse-Silésie. On profita des deux mois qu'on resta dans cette position, pour recruter l'infanterie et remonter la cavalerie; ce qui se fit avec tant de succès, que l'armée n'avait pas été plus complète en entrant en campagne qu'elle ne l'était alors.

Tandis que le Roi s'occupait à rendre son armée plus formidable, M. de Neipperg formait des projets dangereux si on lui avait laissé le temps de les exécuter. Nous croyons qu'il ne sera pas hors de propos de rapporter de quelle façon le Roi parvint à les découvrir. Il y avait à Breslau un nombre considérable de vieilles dames natives de l'Autriche et de la Bohême, et depuis longtemps établies en Silésie; leurs parents étaient à Vienne, à Prague; quelques-uns servaient dans l'armée de Neipperg. Le fanatisme de la religion catholique et l'orgueil autrichien augmentaient leur attachement pour la reine de Hongrie; elles frémissaient de colère au seul nom prussien; elles cabalaient sourdement, elles intriguaient, elles entretenaient des correspondances dans l'armée de M. de Neipperg par le moyen de moines et de prêtres qui leur servaient d'émissaires; elles étaient instruites de tous les desseins des ennemis. Ces femmes, pour se conforter entre elles, avaient établi ce qu'elles appelaient leurs *assises*, où presque tous les soirs elles s'assemblaient, se communiquaient leurs nouvelles, et délibéraient entre elles des moyens qu'on pourrait employer pour expulser une armée hérétique de la Silésie, et détruire tous les mécréants. Le Roi était instruit en gros de ce qui se passait dans ces conventicules, et il n'épargna rien pour faire glisser dans ces assises une fausse sœur, qui, sous prétexte de haine envers les Prussiens, y serait bien reçue, et pourrait avertir de tout ce qui s'y tramait. C'est par ce canal qu'on apprit que M. de Neipperg s'était proposé par ses mouvements d'éloigner le Roi de Breslau; de s'y rendre alors par des marches forcées; et, par le moyen des intelligences qu'il avait dans cette capitale, de s'en emparer. C'était prendre aux Prussiens tous leurs magasins, et leur couper en même temps la communication qu'au moyen de l'Oder ils conservaient avec l'Électorat.

Il fut aussitôt résolu de prévenir l'ennemi à tout prix, et de rompre la neutralité avec la ville de Breslau, à laquelle ses magistrats avaient porté plus d'une atteinte. Sur cela, les syndics et les échevins les plus attachés à la maison d'Autriche furent mandés au camp du Roi; on y invita en même temps les ministres étrangers, pour ne point exposer leur personne aux désordres auxquels une surprise peut donner lieu. On détacha en même temps quelques bataillons, qui arrivèrent par différentes routes au faubourg.[29] On demanda à la ville le passage pour un régiment : pendant qu'il entrait par une porte, un chariot s'embarrassa dans une autre; trois bataillons et cinq escadrons en profitèrent pour se glisser dans la ville. L'infanterie occupa les remparts, les places, et consigna les portes; la cavalerie nettoya les rues principales. En moins d'une heure tout fut soumis; on ne commit aucun désordre, ni pillage, ni meurtre : la bourgeoisie prêta l'hommage. Trois bataillons y restèrent en garnison,[30] et les autres vinrent rejoindre l'armée.

M. de Neipperg, qui ne se doutait pas qu'il fût découvert, s'était porté sur Frankenstein, dans l'espérance que le Roi tomberait tout de suite sur Neisse, et qu'alors il exécuterait son projet sur Breslau; mais s'apercevant que son coup avait manqué, il voulut s'en dédommager en enlevant le magasin que les Prussiens avaient à Schweidnitz. Cela encore ne lui réussit pas : il fut prévenu. L'avant-garde du Roi arriva en même temps que la sienne à Reichenbach; celle des Autrichiens rebroussa chemin, et se replia sur Frankenstein. Le Roi fut joint à Reichenbach par de nouvelles levées, consistant en dix escadrons de dragons et treize de hussards. M. de Neipperg avait judicieusement choisi sa position : il entretenait sa communication avec la forteresse de Neisse par Patschkau; il tirait ses vivres de la Bohême par Glatz, et fourrageait un pays qu'il ne pouvait pas conserver; sa droite était appuyée à Frankenstein, sa gauche, sur des collines non loin de Silberberg; et deux ruisseaux couvraient son front, et le rendaient inabordable. Ces difficultés animèrent le Roi; il voulut avoir l'honneur de faire décamper les Autrichiens, et de les rejeter

29 7 [10] août.

30 Le général Marwitz en devint gouverneur.

en Haute-Silésie. Mais, avant que d'en venir à cette opération, il ne sera pas hors de propos de jeter auparavant un coup d'œil sur ce qui se passait dans le reste de l'Europe.

La reine de Hongrie commençait alors à voir le péril qui la menaçait : les Français passaient le Rhin, et longeaient le Danube à grandes journées. La peur abattit sa fierté; elle dépêcha le sieur Robinson, qui était ministre à sa cour de la part du roi d'Angleterre, pour essayer quelques propositions d'accommodement. Ce Robinson, prenant le ton de hauteur, dit au Roi que la Reine voulait bien oublier le passé; qu'elle lui offrait le Limbourg, la Gueldre espagnole, et deux millions d'écus, en dédommagement de ses prétentions sur la Silésie, à condition qu'il fît la paix, et que ses troupes évacuassent incessamment ce duché. Ce ministre était une espèce de fou, d'enthousiaste de la reine de Hongrie; il négociait avec l'emphase dont il aurait harangué dans la chambre basse. Le Roi, assez enclin à saisir les ridicules, prit le même ton, et lui répondit : « Que c'était à des princes sans « honneur à vendre leurs droits pour de l'argent; que ces offres « lui étaient plus injurieuses que n'avait été la méprisante hauteur « de la cour de Vienne; et, haussant le ton, mon armée, dit-il, « me trouverait indigne de la commander, si je perdais par un « traité flétrissant les avantages qu'elle m'a procurés par des ac« tions de valeur qui l'immortalisent. Sachez de plus que je ne « puis abandonner sans la plus noire ingratitude mes nouveaux « sujets, tous ces protestants qui m'ont appelé par leurs vœux. « Voulez-vous que je les livre comme des victimes à la tyrannie « de leurs persécuteurs, qui les sacrifieraient à leur vengeance? « Ah! comment démentirai-je en un seul jour les sentiments d'hon« neur et de probité avec lesquels je suis né? et si j'étais capable « d'une action aussi lâche, aussi infâme, je croirais voir sortir mes « ancêtres de leurs tombeaux. Non, me diraient-ils, tu n'es plus « notre sang : tu dois combattre pour les droits que nous t'avons « transmis, et tu les vends! tu souilles l'honneur que nous t'avons « laissé comme la partie la plus précieuse de notre héritage : in« digne d'être prince, d'être roi, tu n'es qu'un infâme marchand « qui préfère le gain à la gloire. Non, jamais, non, je ne mériterai « de tels reproches : je me laisserai ensevelir, moi et mon armée,

« sous les ruines de la Silésie, plutôt que de consentir que l'hon- « neur et la gloire du nom prussien reçoive la moindre tache. « C'est la seule réponse, monsieur, que je puisse vous donner. » Robinson fut étourdi de ce discours, auquel il ne s'attendait pas. Il retourna le porter à Vienne. Mais en renvoyant le fanatique, le Roi continuait à flatter le lord Hyndford, et à l'endormir dans une parfaite sécurité : il n'était pas encore temps de se découvrir. Et pour ménager les puissances maritimes, on leur communiqua les propositions du sieur Robinson; on excusa le Roi sur son refus, en alléguant que sachant que le traité de Barrière liait les mains à la reine de Hongrie, on n'avait pas voulu accepter les cessions qu'elle voulait faire du Limbourg et de la Gueldre : ce fut surtout en Hollande qu'on appuya beaucoup sur la déférence que le Roi marquait pour les intérêts de cette république, qu'il pousserait à refuser le Brabant même, si on voulait le lui offrir. Ce fut environ alors que la Prusse signa son traité avec la Bavière;[a] elle lui promit sa voix à la diète d'élection. Ces deux princes se garantirent mutuellement, l'un, la Silésie à la Prusse, l'autre, la Haute-Autriche, le Tyrol, le Brisgau et la Bohême à la Bavière. Le Roi acheta de cet électeur la principauté de Glatz pour quatre cent mille écus, que le Bavarois vendit sans l'avoir jamais possédée.

Mais un des événements les plus avantageux et les plus décisifs qui arrivèrent alors, éclata dans le Nord : la Suède déclara la guerre à la Russie, et détruisit par cette diversion tous les desseins du roi d'Angleterre, du roi de Pologne et du prince Antoine-Ulric contre la Prusse. Le roi Auguste, déchu des belles espérances de partager avec le roi d'Angleterre les États du Roi, se laissa entraîner au torrent, et, faute de mieux, se ligua avec l'électeur de Bavière pour anéantir la maison d'Autriche. Le maréchal de Belle-Isle qui n'avait su que faire de la Moravie et du Ober-Manhardsberg, les érigea en royaume, et les donna aux Saxons, qui, moyennant cette aubaine, signèrent leur traité le 31 d'août. La cour de Vienne, qui ne pouvait plus compter sur la diversion des Russes, pressée de tous côtés, renvoya dans le camp prussien son négociateur anglais; il y apporta une carte de

[a] Cette convention fut signée à Breslau le 4 novembre 1741.

la Silésie où la cession de quatre principautés était marquée dessus avec une raie d'encre : il fut froidement reçu, et on lui donna à connaître que ce qui peut être bon dans un temps, ne l'est plus dans un autre. Les cours de Londres et de Vienne avaient trop compté sur le secours des Russes; selon leur calcul, il fallait infailliblement que le Roi, humilié, rabaissé, leur demandât la paix à genoux : il s'en manqua peu que le contraire n'arrivât. Tels sont ces jeux de la fortune si communs à la guerre, et qui déroutent l'art conjectural des plus habiles politiques.

Déjà les Français et les Bavarois étaient en pleine action. L'Autriche était entamée, les troupes s'approchaient de Linz. Ce n'était que par des efforts communs et unanimes qu'on pouvait espérer de terrasser la reine de Hongrie; il n'était plus temps de rester dans un camp les bras croisés. Le Roi, qui brûlait d'impatience d'agir, tenta de couper M. de Neipperg de la forteresse de Neisse, et de le combattre en marche. Ce projet n'était pas mal imaginé; mais il manqua par l'exécution. M. de Kalckstein fut commandé avec dix mille hommes et des pontons, pour se porter avec célérité au village de Woitz, et y jeter un pont, afin que l'armée qui le suivait de près, le pût passer à son arrivée. Il partit au coucher du soleil; il marcha toute la nuit, et se trouva le lendemain à une portée de canon du camp. Soit lenteur ou mauvaise disposition de sa part, soit que les chemins gâtés et rompus par les pluies l'eussent arrêté, l'armée dépassa son avant-garde, et arriva même avant lui au camp de Toupadel[a] et de Siegroth. Ce jour de perdu ne put plus se réparer; le Roi marcha lui-même à Woitz,[31] et fit établir ses ponts sur la Neisse; mais l'armée autrichienne, rangée en ordre de bataille, se présenta environ à huit cents pas de la rivière. Par quelques prisonniers que l'on fit, on apprit que M. de Neipperg n'avait devancé le Roi que de quelques heures. L'armée ne pouvait arriver à ce pont qu'en deux heures de temps : on aurait pu le passer, si l'ennemi n'avait pas prévenu le Roi; mais ç'aurait été de toutes les imprudences la plus grande, que de passer sur un pont en présence d'une armée qui certainement eût battu les troupes en détail, et à mesure

[a] Töpliwoda.

[31] 4 [11] septembre.

qu'elles auraient pris du terrain pour se former. Cela fit résoudre de se poster pour ce jour sur les hauteurs de Woitz. Peu de temps après, les Prussiens prirent le camp de Neundorf; et pour tirer leurs subsistances de la ville de Brieg, ils en assurèrent la communication en occupant les postes de Löwen et de Michelau.

Les orages qui menaçaient la maison d'Autriche, et les dangers qui devenaient plus pressants de jour en jour, firent enfin résoudre sérieusement la reine de Hongrie à se débarrasser d'un de ses ennemis, pour rompre la ligue formidable qui allait l'accabler. Elle demanda sérieusement la paix; elle ne chicana plus sur la ville de Breslau; elle insista seulement pour conserver celle de Neisse. Le lord Hyndford, qui négociait alors en son nom, prétendait que le Roi, en faveur d'aussi grandes cessions, devait assister la reine de Hongrie de toutes ses forces. Le Roi lui répondit qu'il était fâché de se trouver dans la nécessité de rejeter ces offres, mais qu'il ne pouvait pas violer la foi des traités qu'il venait de signer avec la France et la Bavière. La désolation était si grande à Vienne, qu'on y attendait les Bavarois d'un moment à l'autre : les chemins n'étaient remplis que de gens qui prenaient la fuite; la cour était sur son départ. Dans cette consternation générale, l'Impératrice douairière écrivit au prince Ferdinand de Brunswic, qui servait dans l'armée, la lettre suivante; elle est trop singulière pour qu'on la passe sous silence.

Vienne, 17 septembre 1741.

Mon cher neveu,

Je romps un silence cruel, que votre conduite en servant contre nous m'a imposé; ni je le ferais, si j'avais d'autres voies pour conjurer le roi de Prusse de me rendre en lui un neveu, que je ne puis nommer cher et digne d'estime après l'affliction que vous deux me causez. La consolation en est entre les mains du Roi. La reine ma fille lui accorde tout ce que personne ne saurait garantir qu'elle-même, s'il aide à la mettre en cet état en entière tranquillité, et que le Roi aide à éteindre le feu qu'il a lui-même allumé, et n'agrandisse lui-même ses propres ennemis; car il ne faut que la mort de l'Électeur palatin pour lui en attirer d'autres; plus, que l'agrandissement de Bavière et de Saxe ne peut souffrir qu'il possède tranquillement ce que la Reine lui a laissé en Silésie. Ainsi, persuadez le Roi de devenir notre bon allié, d'assister la Reine de troupes à conserver des États que tant d'ennemis accablent; car c'est même l'avantage des deux maisons s'ils sont en étroite alliance, leurs pays étant à portée de se pouvoir aider à soutenir leurs droits réciproques. Je compte tout sur votre représentation, et sur les belles qualités que possède le Roi, qui, nous ayant attiré le mal, voudra aussi avoir l'honneur de nous sauver en son temps du précipice, et avoir quelques égards même pour ses propres intérêts, pour une mère et tante affligée, qui après pourra sans rancune se dire

Votre affectionnée tante,
ÉLISABETH.

Le prince Ferdinand répondit en substance à l'Impératrice douairière, que le Roi ne pourrait pas avec honneur se départir des engagements qu'il avait pris avec la France et la Bavière, qu'il compatissait et plaignait sincèrement l'Impératrice, qu'il voudrait pouvoir changer sa situation et y compatissait, mais que les temps où il était libre de s'accommoder avec la cour de Vienne étaient passés.

On intercepta, à peu de jours de différence, une lettre que l'Impératrice douairière écrivait au prince Louis de Brunswic, qui se trouvait alors en Russie; elle était plus sincère, quoique le style n'en valût pas mieux. En voici la copie tirée sur l'original.

21 septembre 1741.

Mon cher neveu,

L'état de nos affaires ont pris un pli si accablant, que l'on peut dire notre cas un abandon général; car plus aucun n'est pour nous. Ce qui nous console dans notre malheur, est que Dieu précipitera plus d'un Pharaon dans la mer Rouge, et confondra nos faux simulés amis. Il n'est pas possible que la plupart croient plus qu'il y a un Dieu. Vrai est-il, les fausses apparences ne m'ont pas endormie, et malgré que l'électeur de Bavière nous a attiré les Français, et me chasse d'ici, je l'estime un digne prince:

il n'a point simulé, ni été faux : il s'est démasqué d'abord, et agi honnêtement. Je doute de vous écrire plus d'ici. C'est une triste année pour moi. Conservez-nous l'alliance, et qu'ils se gardent de faux et simulés amis, qui suis

Votre affectionnée tante,

ÉLISABETH.

Le style de ces lettres découvre combien la cour de Vienne avait le cœur ulcéré des progrès des Prussiens en Silésie, et que cette cour ne respirait que la vengeance. Mais quelle dialectique ! quiconque attaque la maison d'Autriche ne saurait croire en Dieu ! offrir la paix lorsqu'on est libre de la faire, et refuser des conditions proposées après d'autres traités signés, s'appelle fausseté. perfidie ! C'est le langage de l'amour-propre et de l'orgueil, qui supprime l'exactitude du raisonnement. Ainsi à Vienne on envisageait l'alliance formée contre la pragmatique sanction comme la guerre des Titans, qui voulaient escalader les cieux pour détrôner Jupiter.

De leur côté, les Suédois n'étaient pas aussi heureux que leurs alliés : un détachement de douze mille hommes avait été taillé en pièces par les Russes, auprès de Willmanstrand. Cet échec était considérable pour ce royaume affaibli et ruiné depuis Charles XII. La France en fut mortifiée ; elle se proposa de redresser d'un autre côté le revers qu'avaient essuyé ses alliés : elle voulut que le maréchal de Maillebois, avec l'armée qu'il commandait en Westphalie, pénétrât dans l'électorat de Hanovre, pour se rendre maître de ces États. Le Roi fit une grande faute alors en employant tout son crédit pour dissuader les Français de ce dessein, alléguant que par cette entreprise ils se rendraient odieux à l'Europe, révolteraient contre eux tous les princes d'Allemagne ; et qu'allant s'attacher à un objet de peu d'importance, ils négligeraient l'objet principal, qui était d'écraser la reine de Hongrie avec toutes leurs forces. Les Français auraient pu réfuter facilement un raisonnement aussi faible : s'ils avaient pris alors l'électorat de Hanovre, jamais le roi d'Angleterre n'aurait pu faire des diversions sur le Rhin, comme en Flandre.

Il ne manquait plus que la garantie de la France au traité que le Roi avait fait avec l'électeur de Bavière. On pressait M. de Valori de la procurer: sa cour faisait encore des difficultés sur la cession de la principauté de Glatz, et sur quelques portions de la Haute-Silésie. Il lui arriva, étant auprès du Roi, de laisser tomber par hasard un billet de sa poche: sans faire semblant de rien, le Roi mit le pied dessus;[a] il congédia le ministre au plus vite. Ce billet était de M. Amelot, secrétaire des affaires étrangères; il portait de n'accorder Glatz et la Haute-Silésie à la Prusse qu'au cas qu'il en résultât un plus grand inconvénient s'il les refusait. Après cette découverte, M. de Valori fut obligé d'en passer par où l'on voulut. Les desseins des Français sur le pays de Hanovre s'ébruitèrent, et parvinrent bientôt au roi d'Angleterre. Ce prince crut son électorat perdu : il n'avait pas le temps de parer ce coup qui le menaçait de si près. Les mesures qu'il avait prises avec la Russie et la Saxe lui ayant également manqué, il voulut tout de bon travailler à moyenner la paix entre le roi de Prusse et la reine de Hongrie. En conséquence de cette résolution, le lord Hyndford se rendit au camp autrichien; de là il fit des remontrances si fortes à la cour de Vienne, il la pressa avec tant d'énergie, en lui exposant que pour sauver le reste de ses États il fallait savoir en perdre à propos une partie, que cette cour consentit à la cession de la Silésie, de la ville de Neisse, et d'une lisière en Haute-Silésie, en renonçant à toute assistance contre ses ennemis.

Le Roi, qui connaissait la duplicité des Anglais et des Autrichiens, prit ces offres pour des piéges. Et pour ne point se laisser amuser par de belles paroles qui l'auraient retenu oisif dans son camp, il déroba une marche à l'ennemi, passa la Neisse à Michelau, et vint le lendemain camper à Kaltecker, tandis qu'un détachement s'empara d'Oppeln, où l'on établit le dépôt des vivres. Sur ces mouvements, M. de Neipperg quitta Neisse, et se porta sur Oppersdorf. Le Roi le tourna par Friedland, et se campa à Steinau. Peut-être que ces différentes manœuvres accélérèrent la négociation du lord Hyndford; il vint avertir le Roi que sa

[a] Voyez *Mémoires des négociations du marquis de Valori.* Paris, 1820, t. I, p. 71 et 129.

négociation avait si bien réussi, que M. de Neipperg était près d'abandonner la Silésie, pourvu que le Roi lui déclarât verbalement qu'il n'entreprendrait rien contre la Reine. Les ennemis se contentaient d'un pourparler qui valait des provinces à l'État, et des quartiers d'hiver tranquilles aux troupes fatiguées de onze mois d'opérations. La séduction était forte : le Roi voulut tenter ce qui pourrait résulter de cette conférence. Il se rendit en secret, accompagné du seul colonel Goltz, à Ober-Schnellendorf,[a] où il trouva le maréchal Neipperg, le général Lentulus et le lord Hyndford.

Ce ne fut pas sans réflexion que ce prince fit cette démarche. Quoiqu'il eût quelque sujet de se plaindre de la France, ces mécontentements n'étaient pas assez forts pour rompre avec elle. Il connaissait par son expérience les dispositions de la cour de Vienne; il n'en pouvait rien attendre d'amiable : il était clair que la reine de Hongrie ne se prêtait à cette convention que pour semer la méfiance entre les alliés en l'ébruitant. Il fallait donc exiger des Autrichiens, comme une condition *sine quâ non,* que s'ils divulguaient le moins du monde les conditions dont on conviendrait, ce serait autoriser le Roi à rompre cette convention: le Roi était bien sûr que cela ne manquerait pas d'arriver. Le lord Hyndford tint le protocole au nom de son maître : on convint que Neisse ne serait assiégée que pour la forme; que les troupes prussiennes ne seraient point inquiétées dans les quartiers qu'elles prendraient en Silésie comme en Bohême; et surtout que, sans le secret le plus rigide, tout ce qu'on venait de régler serait nul de toute nullité. Il faut avouer que s'il y a une fatalité, elle s'est surtout manifestée sur M. de Neipperg, qui paraissait destiné à faire les traités les plus humiliants[b] pour ses souverains. Peu après, M. de Neipperg fit prendre à son armée la route de la Moravie. Le siége de Neisse fut aussitôt commencé : la ville ne tint que douze jours; la garnison autrichienne n'en était pas encore sortie, que les ingénieurs prussiens y traçaient déjà les nouveaux ouvrages qui par la suite la rendirent une des bonnes places de l'Europe. La ville prise, on sépara l'armée : une partie marcha

[a] Klein-Schnellendorf.

[b] Voyez ci-dessus, p. 7.

en Bohême sous les ordres du prince Léopold d'Anhalt; quelques régiments furent employés au blocus de Glatz, et le reste des troupes, aux ordres du maréchal Schwerin, s'établit en Haute-Silésie.

Le duc de Lorraine, qui se trouvait à Presbourg, se flattant que le Roi prendrait des pourparlers pour des traités de paix, lui écrivit pour lui demander sa voix pour l'élection à l'Empire. La réponse fut obligeante, mais conçue dans un style obscur, et si embrouillé, que l'auteur même n'y comprenait rien. La campagne terminée, onze mois après être entré en Silésie, le Roi reçut l'hommage de ses nouveaux sujets à Breslau, d'où il retourna à Berlin. Il commençait à apprendre la guerre par ses fautes; mais les difficultés qu'il avait surmontées n'étaient qu'une partie de celles qui restaient à vaincre pour mettre le comble au grand ouvrage qu'il avait entrepris de perfectionner.

CHAPITRE IV.

Raisons politiques de la trêve. Guerre des Français et des Bavarois en Bohême. L'Espagne se déclare contre l'Autriche. Diète de l'Empire. Révolution en Russie. Diverses négociations.

Pour ne pas trop interrompre le fil des événements militaires, nous nous sommes contenté de ne toucher que succinctement les causes qui occasionnèrent cette espèce de suspension d'armes entre la Prusse et l'Autriche. Cette matière est délicate; la démarche du Roi était scabreuse; il est nécessaire d'en développer les motifs les plus secrets : le lecteur nous pardonnera de reprendre les choses d'un peu plus haut afin de les éclaircir davantage.

Le but de la guerre que le Roi avait entreprise, était de conquérir la Silésie : s'il prit des engagements avec la Bavière et la France, ce n'était que pour remplir ce grand objet; mais la France et ses alliés visaient à des fins toutes différentes. Le ministère de Versailles était dans la persuasion que c'en était fait de la puissance autrichienne, et qu'on allait la détruire pour jamais. Il voulait élever sur les ruines de cet empire quatre souverains dont les forces pourraient se balancer réciproquement, à savoir : la reine de Hongrie, qui garderait ce royaume, l'Autriche, la Styrie, la Carinthie et la Carniole; l'électeur de Bavière, maître de la Bohême, du Tyrol et du Brisgau; la Prusse, avec la Basse-Silésie; enfin la Saxe, joignant la Haute-Silésie et la Moravie à ses autres possessions. Ces quatre voisins n'auraient jamais pu se comporter à la longue; et la France se préparait à jouer le rôle d'arbitre, et à dominer sur des despotes qu'elle aurait établis elle-même : c'était renouveler les usages de la politique des Romains dans les temps les plus florissants de cette république.

Ce projet était incompatible avec la liberté germanique, et ne convenait en aucune manière au Roi, qui travaillait pour l'élévation de sa maison, et qui était bien éloigné de sacrifier ses troupes pour se former et se créer des rivaux. Si le Roi s'était rendu l'instrument servile de la politique française, il aurait forgé le joug qu'il se serait lui-même imposé; il aurait tout fait pour la France et rien pour lui-même; et peut-être Louis XV serait-il parvenu à réaliser cette monarchie universelle, dont on veut attribuer le projet chimérique à Charles-Quint. Ajoutons à ceci, puisqu'il faut tout dire, que si le Roi avait secondé avec trop de chaleur les opérations des troupes françaises, leur fortune excessive l'aurait subjugué; d'allié il serait devenu sujet; on l'aurait entraîné au delà de ses vues, et il se serait trouvé dans la nécessité de consentir à toutes les volontés de la France, faute d'y pouvoir résister, ou de trouver des alliés qui pussent l'aider à sortir de cet esclavage.

La prudence semblait donc exiger du Roi une conduite mitigée, par laquelle il établît une sorte d'équilibre entre les maisons d'Autriche et de Bourbon. La reine de Hongrie était au bord du précipice; une trêve lui donnait le moyen de respirer, et le Roi était sûr de la rompre quand il le jugerait à propos, parce que la politique de la cour de Vienne la pressait de divulguer ce mystère. Ajoutons, pour la plus grande justification du Roi, qu'il avait découvert les liaisons secrètes que le cardinal de Fleury entretenait avec M. de Stainville, ministre du grand-duc de Toscane à Vienne; il savait que le Cardinal était tout disposé à sacrifier les alliés de la France, si la cour de Vienne lui offrait le Luxembourg et une partie du Brabant : il s'agissait donc de manœuvrer adroitement, surtout de ne point se laisser prévenir par un vieux politique qui s'était joué, dans la dernière guerre, de plus d'une tête couronnée.

L'événement justifia bientôt ce que le Roi avait prévu de l'indiscrétion de la cour de Vienne : elle divulgua le prétendu traité avec la Prusse en Saxe, en Bavière, à Francfort-sur-le-Main, et partout où elle avait des émissaires. Le comte de Podewils, ministre des affaires étrangères, avait été chargé, à son retour de la Silésie, de passer par Dresde pour sonder cette cour, qui avait marqué sans cesse beaucoup de jalousie et de mauvaise volonté pour tout ce qui intéressait la Prusse : il y trouva le maréchal de Belle-Isle furieux de ce qu'il venait d'apprendre d'un certain Koch, émissaire de la cour de Vienne, qui, après lui avoir fait des propositions de paix, que le maréchal rejeta, lui déclara que sa cour s'était à tout hasard accommodée avec le Roi de Prusse. Bien plus, toute la ville de Dresde était inondée de billets qui avertissaient les Saxons de suspendre la marche de leurs troupes pour la Bohême, à cause que le roi de Prusse, réconcilié avec la reine de Hongrie, se préparait à faire une invasion en Lusace. La timidité ombrageuse du comte de Brühl fut rassurée par la fermeté hardie du comte de Podewils, et les Saxons marchèrent en Bohême. Sur ces entrefaites, l'électeur de Bavière communiqua au Roi une lettre de l'impératrice Amélie, qui l'exhortait à s'accommoder avec la reine de Hongrie avant le mois de décembre, vu que cette princesse se trouverait obligée de ratifier les préliminaires dont elle était convenue avec les Prussiens. Cette conduite de la cour de Vienne dégageait le Roi de tous ses engagements. On verra dans la suite de cet ouvrage que cette cour paya cher son indiscrétion.

La guerre avait souvent changé de théâtre pendant ces négociations : alors toutes les armées parurent s'être donné rendez-vous en Bohême. L'électeur de Bavière avait été à deux marches de Vienne; s'il eût avancé, il se serait trouvé aux portes de cette capitale, qui, mal fournie de troupes, ne lui aurait opposé qu'une faible résistance. L'Électeur abandonna ce grand objet, par l'appréhension puérile que les Saxons étant seuls en Bohême, pourraient conquérir ce royaume et le garder. Les Français, par une finesse mal entendue, s'imaginaient qu'en prenant Vienne le Bavarois deviendrait trop puissant; ils fortifièrent donc, pour l'en éloigner, sa méfiance contre les Saxons.

Cette faute capitale fut la source de tous les malheurs qui accablèrent ensuite la Bavière. Cette armée de Français et de

Bavarois fut partagée : on en donna quinze mille hommes à M. de Ségur, pour couvrir l'Autriche et l'Électorat; et l'Électeur, avec le gros de ses forces, s'empara de Tabor, de Budweis, et marcha droit à Prague, où les Saxons le joignirent, de même que M. de Gassion, les premiers venant de Lowositz, le dernier, de Pilsen. Le maréchal Törring et M. de La Leuville, qui commandaient à Tabor et Budweis, abandonnèrent ces villes à l'approche des Autrichiens; non seulement les ennemis y trouvèrent un magasin considérable, mais par cette position qu'ils occupèrent, M. de Ségur se trouva coupé de l'armée de Bohême. M. de Neipperg et le prince de Lobkowitz, qui venaient tous deux de Moravie, se fortifièrent dans ce poste.

L'électeur de Bavière qui se trouvait alors devant Prague, ne pouvant l'assiéger dans les règles à cause de la rigueur de la saison, se détermina à la prendre par surprise. La place était d'une vaste enceinte; elle était défendue par une garnison trop faible; en multipliant le nombre des attaques, il fallait nécessairement qu'il se trouvât quelque endroit dans la ville sans résistance, et cela suffisait pour l'emporter. Prague fut donc assaillie par trois côtés différents. Le comte de Saxe[a] escalada l'angle flanqué du bastion Saint-Nicolas vers la porte neuve; il fit baisser le pont-levis, et introduisit par cette porte la cavalerie, qui, nettoyant les rues, obligea la garnison d'abandonner la porte de Saint-Charles, que le comte Rutowski essayait vainement de forcer; il ne fit donner l'assaut qu'après que les ennemis eurent quitté le rempart. Les Autrichiens, accablés d'ennemis, furent contraints de mettre bas les armes. Une troisième attaque que M. de Polastron devait diriger, manqua tout à fait.

Le duc de Lorraine, grand-duc de Toscane, voulut alors se mettre à la tête des armées, et il s'avançait à grandes journées pour secourir Prague. A peine arrivé à Königssaal, il apprend que les alliés étaient déjà maîtres de cette ville. Ce fut pour lui comme un coup de foudre; il retourna avec précipitation sur ses pas; ce fut moins une retraite qu'une fuite. Les soldats se débandaient, pillaient les villages, et se rendaient par bandes aux

[a] Qui devint maréchal de France en 1743.

Français. MM. de Neipperg et de Lobkowitz se réfugièrent avec leurs troupes découragées derrière les marais de Budweis, Tabor, Neuhaus et Wittingau, camps fameux d'où Ziska, chef des hussites, avait bravé les forces de tous ses ennemis.

Le maréchal de Belle-Isle, que la sciatique avait retenu à Dresde tant que les affaires parurent critiques en Bohême, se rendit à Prague d'abord après sa reddition. Il détacha Polastron à Teutsch-Brod, le comte de Saxe à Pischelli, pour nettoyer les bords de la Sasawa; et d'Aubigné se porta sur la Wotawa avec vingt bataillons et trente escadrons. L'intention du maréchal était qu'il devait pousser jusqu'à Budweis; mais la circonspection de ce général l'arrêta à Pisek. Ainsi l'inactivité des généraux français donna aux Autrichiens le temps de respirer, et de se fortifier dans leurs quartiers. Le maréchal de Belle-Isle, plus flatté de la représentation de l'ambassade que du commandement des armées, manda au Cardinal que sa santé ne lui permettant pas de fournir aux fatigues d'une campagne, il demandait d'être relevé. Le Cardinal donna ce commandement au maréchal de Broglie,[a] affaibli par deux apoplexies; mais se trouvant à Strasbourg, dont il était gouverneur, il parut celui de tous les généraux qui pourrait joindre le plus vite l'armée de Bohême.

Dès son arrivée, le maréchal de Broglie se brouilla avec M. de Belle-Isle. Broglie changea toutes les dispositions de son prédécesseur : il rassembla une masse de troupes, avec lesquelles il se rendit à Pisek. Le Grand-Duc fit mine de l'attaquer : sa tentative fut inutile; Lobkowitz ne réussit pas mieux sur Frauenberg; enfin les Autrichiens, fatigués inutilement, retournèrent à leurs quartiers. Les Français, qui aimaient leurs commodités, trouvaient fort à redire de ce que les ennemis les inquiétassent si souvent : ils auraient bien voulu que les Prussiens se missent en avant pour les couvrir; mais il aurait fallu être imbécille pour souscrire à de telles prétentions. M. de Valori, qui était ministre de la France à Berlin, s'exhalait en plaintes : il prétendait que les Allemands, qui n'étaient bons qu'à se battre, devaient ferrailler contre les Autrichiens, pour donner du repos aux Français, qui leur

[a] François-Marie duc de Broglie, fait maréchal de France en 1734, mort en 1745.

étaient supérieurs en toute chose. On l'écouta tranquillement, et à la fin il se lassa de ses vaines importunités.

Tant de puissances qui s'étaient alliées contre la maison d'Autriche, et qui voulaient se partager ses dépouilles, avaient excité la cupidité de princes qui jusqu'alors s'étaient tenus tranquilles. L'Espagne ne voulut pas demeurer oisive, tandis que tout le monde pensait à son agrandissement. La reine d'Espagne, qui était Parmesane, forma des prétentions sur cette principauté, et sur celle de Plaisance, qu'elle appelait son *cotillon*, pour y établir son second fils Don Philippe. Elle fit passer vingt mille Espagnols sous les ordres de M. de Montemar par le royaume de Naples, en même temps que Don Philippe, avec un autre corps, passait par le Dauphiné et la Savoie pour pénétrer en Lombardie. Ainsi un feu qui, dans son origine, ne parut qu'une étincelle en Silésie, se communiqua de proche en proche, et causa bientôt en Europe un embrasement universel.

Tandis que tant d'armées commettaient, les unes vis-à-vis des autres, plus de sottises que de belles actions, la diète de l'Empire assemblée à Francfort pour l'élection d'un Empereur, perdait son temps en frivoles délibérations; au lieu d'élire un chef, elle disputait sur des pourpoints ou sur des dentelles d'or que les seconds ambassadeurs prétendaient porter ainsi que les premiers. Cette diète était partagée en deux partis: les uns étaient partisans fanatiques de la reine de Hongrie, les autres étaient ses ennemis outrés. Les premiers voulaient le Grand-Duc pour Empereur, les autres voulaient avec une sorte d'obstination l'électeur de Bavière. La fortune, qui favorisait encore les armes des alliés, l'emporta, et leur parti gagna enfin l'ascendant qu'ont les heureux. La diète de Francfort cependant n'avançait guère.

Pour se faire une idée de cette assemblée et de la lenteur de ses délibérations, il ne sera pas inutile d'en donner une esquisse. La bulle d'or est regardée comme la loi fondamentale de l'Allemagne; c'est sur elle qu'on provoque en toute occasion, et s'il y a des chicanes, elles naissent de la façon de l'expliquer. Les princes choisissent donc les docteurs les plus instruits de cette loi, les pédants les plus lourds et les plus consommés dans les vétilles de la formalité, pour les envoyer comme leurs représentants à ces assemblées générales. Ces jurisconsultes discutent sur la forme des choses, et ont l'esprit trop rétréci pour envisager les objets en grand; ils sont enivrés de leur représentation et pensent avoir la même autorité dont cet auguste corps jouissait du temps de Charles de Luxembourg. Enfin dans cette diète, au 1er de décembre de l'année 1741, on était aussi peu avancé qu'on l'avait été avant la convocation de cette illustre assemblée. Si les Autrichiens avaient eu quelques succès par leurs armes, le Grand-Duc aurait emporté la pluralité des voix; il fallait donc, dans ces conjonctures, brusquer l'élection, pour profiter de la supériorité des suffrages, et empêcher, par l'élévation d'une nouvelle maison au trône impérial, que cette dignité ne devînt héréditaire dans la nouvelle maison d'Autriche. Pour acheminer les choses à ce but, le Roi proposa de fixer un terme pour le jour de l'élection: cet expédient fut approuvé, et la diète fixa pour ce grand acte le 24 de janvier de l'année 1742.

Cette diète et ses délibérations faisaient moins d'impression sur le roi d'Angleterre que ce qui le touchait de plus près; la crainte qu'il avait de cette armée de Maillebois qui menaçait son électorat, fut si vive, qu'il se résolut à faire le suppliant à Versailles pour garantir ses possessions. Il y envoya comme son ministre M. de Hardenberg, pour signer un traité de neutralité avec la France. Le cardinal de Fleury demanda au Roi ce qu'il augurait de cette négociation: ce prince lui répondit qu'il était dangereux d'offenser à demi, et que quiconque menace doit frapper. Le Cardinal, plus patelin que ferme, n'avait pas un caractère assez mâle pour prendre des partis décisifs; il croyait ne rien donner au hasard en maintenant les choses en suspens: il signa ce traité. Ces tempéraments et cette conduite mitigée ont souvent nui aux affaires de la France; mais la nature dispense ses talents à son gré: celui qui a reçu pour lot la hardiesse, ne saurait être timide, et celui qui est né avec trop de circonspection, ne saurait être audacieux.

Cette année était comme l'époque des grands événements. Toute l'Europe se trouvait en guerre pour partager les parties d'une succession litigieuse; on s'assemblait pour élire un Empereur d'une autre maison que de celle d'Autriche, et en Russie on détrônait un jeune empereur encore au berceau : une révolution plaça la princesse Élisabeth sur ce trône. Un chirurgien,[32] Français de naissance, un musicien, un gentilhomme de la chambre, et cent gardes Preobrashenskii corrompus par l'argent de la France, conduisent Élisabeth au palais impérial : ils surprennent les gardes et les désarment; le jeune empereur, son père, le prince Antoine de Brunswic, et sa mère, la princesse de Mecklenbourg, sont arrêtés. On assemble les troupes; elles prêtent le serment à Élisabeth, qu'elles reconnaissent pour leur impératrice; la famille malheureuse est enfermée dans les prisons de Riga; Ostermann, après avoir été traité avec ignominie, est exilé en Sibérie : tout cela n'est l'ouvrage que de quelques heures. La France, qui espérait profiter de cette révolution qu'elle avait amenée, vit bientôt après ses espérances s'évanouir.

Le dessein du cardinal de Fleury était de dégager la Suède du mauvais pas où il l'avait engagée. Il crut qu'un changement de règne en Russie rendrait le nouveau souverain facile à conclure une paix favorable à la Suède : dans cette vue, il avait envoyé un nommé d'Avennes avec des ordres verbaux au marquis de La Chétardie, ambassadeur à Pétersbourg, afin qu'il employât tous les moyens possibles à culbuter la Régente et le Généralissime. De telles entreprises, qui paraîtraient téméraires dans d'autres gouvernements, peuvent quelquefois s'exécuter en Russie : l'esprit de la nation est enclin aux révoltes; les Russes ont cela de commun avec les autres peuples, qu'ils sont mécontents du présent, et qu'ils espèrent tout de l'avenir. La Régente s'était rendue odieuse par les faiblesses qu'elle avait eues pour un étranger, le beau comte de Lynar, envoyé de Saxe; mais sa devancière, l'impératrice Anne, avait encore plus ouvertement distingué Biron, Courlandais et étranger comme Lynar : tant il est vrai que les mêmes choses cessent d'être les mêmes, quand elles se font en d'autres temps et par d'autres personnes. Si l'amour perdit la Régente, l'amour plus populaire dont la princesse Élisabeth fit sentir les effets aux gardes Preobrashenskii, l'éleva sur le trône. Ces deux princesses avaient le même goût pour la volupté. Celle de Mecklenbourg le couvrait du voile de la pruderie;

[32] L'Estocq.

il n'y avait que son cœur qui la trahissait : la princesse Élisabeth portait la volupté jusqu'à la débauche. La première était capricieuse et méchante : la seconde dissimulée, mais facile ; toutes deux haïssaient le travail, toutes deux n'étaient pas nées pour le gouvernement.

Si la Suède avait su profiter de l'occasion, elle aurait dû frapper quelque grand coup pendant que la Russie était agitée par des troubles intestins : tout lui présageait d'heureux succès ; mais le destin de la Suède n'était point de triompher de ses ennemis. Elle demeura dans une espèce d'engourdissement pendant et après cette révolution ; elle laissa échapper l'occasion, la mère des grands événements : la perte de la bataille de Poltawa ne lui fut pas plus fatale, qu'alors la molle inaction de ses armées.

Dès que l'impératrice Élisabeth se crut assurée sur le trône, elle distribua les premières places de l'empire à ses partisans : les deux frères Bestusheff, Woronzow et Trubetzkoi entrèrent dans le conseil ; L'Estocq, le promoteur de l'élévation d'Élisabeth, devint une espèce de ministre subalterne, quoique chirurgien. Il était porté pour la France ; Bestusheff, pour l'Angleterre : de là naquirent des divisions dans le conseil, et des intrigues interminables à la cour. L'Impératrice n'avait de prédilection pour aucune des puissances ; mais elle se sentait de l'éloignement pour la cour de Vienne et pour celle de Berlin. Antoine-Ulric, le père de l'empereur qu'elle avait détrôné, était cousin germain de la reine de Hongrie, neveu de l'Impératrice douairière, et beau-frère du roi de Prusse ; et elle appréhendait que les liens du sang ne fissent agir ces puissances en faveur de la famille sur la ruine de laquelle elle avait établi sa grandeur. Cette princesse, préférant sa liberté aux lois du mariage, trop tyranniques selon sa façon de penser, pour affermir son gouvernement appela son neveu, le jeune duc de Holstein, à la succession. Elle le fit élever à Pétersbourg en qualité de grand-duc de Russie.

Le public croit assez légèrement que les événements qui tournent à l'avantage des princes, sont les fruits de leur prévoyance et de leur habileté : par une suite de cette prévention, l'on soupçonna le Roi d'avoir trempé dans cette révolution qui arriva en Russie, mais il n'en était rien ; le Roi n'eut aucune part à ce détrônement, et n'en fut informé qu'avec le public. Quelques mois auparavant, lorsque le maréchal de Belle-Isle se trouvait au camp de Mollwitz, la conversation avait tourné sur le sujet de la Russie. Le maréchal parut très-mécontent de la conduite du prince Antoine et de sa femme, la Régente; et, dans un moment où sa colère s'allumait, il demanda au Roi s'il verrait avec peine qu'il se fît une révolution en Russie en faveur de la princesse Élisabeth, au désavantage du jeune empereur Iwan, qui était son neveu; sur quoi, le Roi répondit qu'il ne connaissait de parents parmi les souverains que ceux qui étaient ses amis. La conversation finit, et voilà tout ce qui se passa.

Berlin fut pendant cet hiver le centre des négociations. La France pressait le Roi de faire agir son armée; l'Angleterre l'exhortait à conclure la paix avec l'Autriche; l'Espagne sollicitait son alliance, le Danemark, ses avis pour changer de parti; la Suède demandait son assistance, la Russie, ses bons offices à Stockholm; et l'empire germanique, soupirant après la paix, faisait les plus vives instances pour que les troubles s'apaisassent.

Les choses ne restèrent pas longtemps dans cette situation. Les troupes prussiennes passèrent à peine deux mois dans leurs quartiers d'hiver. La destinée de la Prusse entraîna encore le Roi sur ce théâtre que tant de batailles devaient ensanglanter, et où les vicissitudes de la fortune se firent sentir tour à tour aux deux partis qui se faisaient la guerre. Le plus grand avantage que le Roi retira de cette espèce de trêve avec les Autrichiens, fut de rendre ses forces plus formidables. L'acquisition de la Silésie lui procura une augmentation de revenus de trois millions six cents milliers d'écus. La plus grande partie de cet argent fut employée à l'augmentation de l'armée : elle était alors de cent six bataillons et de cent quatre-vingt-onze escadrons, dont soixante de hussards. Nous verrons dans peu l'usage qu'il en fit.

CHAPITRE V.

Irruption des Autrichiens en Bavière. Départ du Roi. Ce qui se passa à Dresde, Prague et Olmütz. Négociation de Fitzner. Expédition de Moravie, Autriche et Hongrie. Négociation de Ianini. Blocus de Brünn. Le Roi quitte la Moravie, et joint son armée de Bohême à Chrudim. Ce qui se passa en Moravie après son départ. Changement de ministère à Londres. Négociation infructueuse de Chrudim, qui fait prendre la résolution de décider l'irrésolution des Autrichiens par une bataille.

Quoique les Français fussent maîtres de Prague, qu'ils occupassent les bords de la Wotawa, de la Moldau et de la Sasawa, les Autrichiens ne désespéraient point de leur salut. Ils avaient tiré dix mille hommes d'Italie, sept mille de Hongrie, auxquels ils joignirent trois mille hommes du Brisgau, arrivant par le Tyrol. Ce corps, qui montait au nombre de vingt mille hommes, avait le maréchal Khevenhüller à sa tête. Ce général forma aussitôt le plan de tomber sur les quartiers de M. de Ségur, et de le chasser des bords de l'Ens. Nous ne saurions nous dispenser de rapporter[a] à ce sujet un mémoire, en date du 29 juin 1741, que le Roi envoya à l'électeur de Bavière. Le lecteur verra que tout le mal qui arriva, avait été prévu, et que les princes qui ne corrigent pas avec célérité les mauvaises dispositions qu'ils font dans

[a] Ces deux mots «de rapporter» ont été intercalés par les éditeurs de 1788, ce verbe ou quelque autre semblable ayant été oublié par le Roi dans le manuscrit.

leurs opérations de campagne, en sont toujours punis, car l'ennemi est mauvais courtisan : loin d'être flatteur, il punit sévèrement les fautes de celui qui lui est opposé, fût-il roi ou empereur même. Voici ce mémoire.

RAISONS QUI DOIVENT ENGAGER L'ÉLECTEUR DE BAVIÈRE A POUSSER LA GUERRE EN AUTRICHE.

«La position des troupes prussiennes occupant une partie considérable des forces autrichiennes, on contient le maréchal de Neipperg en Silésie. L'armée des alliés, qui n'a point d'ennemi devant elle, devrait pousser ses opérations le long du Danube, et gagner promptement l'Autriche. L'Électeur trouve son ennemi au dépourvu; il peut s'emparer sans résistance de Passau, de Linz, d'Ens, et de là se porter sur Vienne sans rencontrer aucun obstacle. Si l'on se rend maître de cette capitale, on coupe, pour ainsi dire, la puissance autrichienne dans ses racines. La Bohême, qu'on en sépare par cette marche, dégarnie de troupes et privée de tout secours, doit tomber d'elle-même. Il faut établir le théâtre de la guerre en Moravie, en Autriche, et en Hongrie même : dans les circonstances présentes, cette opération est aussi aisée que sûre; et il est incontestable qu'elle obligera la reine de Hongrie d'accepter sans délai les conditions de la paix qu'on voudra lui prescrire. Si l'Électeur diffère de profiter des conjonctures avantageuses où il se trouve, il donne à l'ennemi le temps de rassembler ses forces. Ce qui est sûr aujourd'hui, demain deviendra incertain. En tournant vers la Bohême, l'Électeur expose ses États héréditaires au caprice des événements; il offre un appât aux ennemis, qui sauront bien en profiter. Mon avis est qu'on ne prendra jamais les Romains que dans Rome : qu'on ne laisse donc point échapper l'occasion de s'emparer de Vienne. C'est le moyen unique de terminer ces différends, et de parvenir à une paix glorieuse.»

Ce mémoire fut lu, et aussitôt oublié. L'Électeur, qui n'était pas du tout militaire, crut que des raisons supérieures l'engageaient à prendre un autre parti. Khevenhüller profita de ces fautes. Vers la fin de décembre,[33] il passa l'Ens en trois en-

[33] 1741.

droits. Ségur, au lieu de tomber avec toutes ses forces sur un de ces trois corps pour les détruire en détail, se retira vers la ville d'Ens; il ne s'y crut pas même en sûreté. Une terreur panique hâta sa fuite; il courut d'une haleine à Linz, où il se fortifia. M. de Khevenhüller ne lui donna pas le temps de reprendre ses esprits; il le poursuivit avec vivacité; et le monde apprit avec étonnement que quinze mille Autrichiens bloquaient à Linz quinze mille Français : tant un seul homme peut donner d'ascendant à ses troupes sur celles de son ennemi.

L'électeur de Bavière, consterné d'un revers auquel il ne s'attendait pas, eut recours à l'amitié du Roi; il le conjura dans les termes les plus tendres de ne le point abandonner, et de sauver son État et ses troupes par une puissante diversion : il désirait que les Prussiens pénétrassent par la Moravie en Autriche, pour donner à M. de Ségur le temps de respirer.

Il faut se rappeler pour un moment la situation où se trouvaient les armées. La position où se trouvait l'armée principale de la reine de Hongrie était très-judicieuse : elle avait le dos tourné vers le Danube, sa droite couverte par les marais de Wittingau, sa gauche, par la Moldau et par Budweis, son front, par Tabor. Les alliés décrivaient avec leurs troupes comme un demi-cercle autour de ces quartiers, de sorte que dans leurs opérations ils avaient l'arc à décrire, et les Autrichiens, qui étaient au centre, celui de la corde; de plus, leurs troupes, étroitement resserrées dans leurs quartiers, couvraient les opérations de M. de Khevenhüller contre les Français; ils tenaient à l'Autriche, d'où ils tiraient leurs vivres et leurs secours : ils maintenaient un pied en Bohême, de sorte qu'à l'ouverture de la campagne ils pouvaient se flatter de redresser leurs affaires. Pour déloger cette armée d'un poste aussi avantageux, il était de la dernière nécessité que les alliés fissent un effort général, pour que les Autrichiens, attaqués de tous côtés, succombassent sous le nombre de leurs ennemis. Ce plan fut proposé à M. de Broglie, sans qu'on pût jamais le persuader d'y concourir.

Quoique le peu de concert et de bonne volonté qui régnait entre les alliés, obligeât d'abandonner le projet le plus décisif pour rendre la supériorité aux armées des Français et des Bavarois, il n'en était pas moins important de soutenir cet électeur à la veille d'obtenir la couronne impériale. Les partis mitigés n'étaient plus de saison : ou il fallait s'en tenir à la trêve verbale, qui n'assurait de rien et que les Autrichiens avaient si ouvertement enfreinte, ou il fallait détromper les alliés de la Prusse de leurs soupçons par quelque coup d'éclat. L'expédition en Moravie était la seule que les circonstances permettaient d'entreprendre, parce qu'elle rendait le Roi plus nécessaire, et le mettait en situation d'être également recherché des deux partis : le Roi s'y détermina, en même temps bien résolu pourtant de n'y employer que le moins de ses troupes qu'il pourrait, et le plus de celles que ses alliés voudraient lui donner.

Les Saxons, qui gardaient alors les bords de la Sasawa, étaient à portée de se joindre à un corps de Prussiens qui devait entrer en Moravie. De là cette petite armée pouvait se porter sur Iglau, en déloger le prince de Lobkowitz qui y commandait, et pousser en avant jusqu'à Horn en Basse-Autriche. Cette manœuvre devait ou forcer M. de Khevenhüller d'abandonner M. de Ségur, ou obliger l'armée principale de la Reine de quitter Wittingau, Tabor et Budweis; auquel cas, M. de Broglie, n'ayant rien devant lui, pouvait aller au secours de Linz.

La difficulté de ce plan consistait à faire consentir la cour de Dresde à la jonction de ses troupes avec les prussiennes. D'abord le maréchal de Schwerin reçut ordre de s'emparer d'Olmütz avec le corps qui avait hiverné en Haute-Silésie; ensuite le Roi expliqua à M. de Valori le but de cette expédition, et l'utilité qui en résulterait pour la France. Ce moyen étant le seul qui pût sauver les troupes bloquées à Linz, le Roi voulait aller à Dresde.[a] Il fit partir M. de Valori un jour avant son départ, pour qu'il sondât les esprits, et les préparât aux propositions qu'on voulait leur faire. On était convenu que M. de Valori ferait un signe de tête à l'arrivée du Roi : ce signe se fit; et dès que ce prince eut donné les premiers compliments d'usage, il s'entretint avec le comte de Brühl de son projet.

En voici la raison; mais pour la bien comprendre, il faut reprendre les choses de plus haut. Le feu roi de Pologne, Auguste II,

[a] 19 janvier 1742.

avait fait un plan de partage de la succession de l'empereur Charles VI : la cour de Vienne en eut vent. Le prince de Lichtenstein passant par Dresde en 1735, sous le règne d'Auguste III, mécontent du comte Sulkowski, ministre et favori, assura Brühl que s'il pouvait lui procurer ce projet de partage, lui et sa cour n'épargneraient rien pour perdre Sulkowski et pour lui procurer sa place. Brühl eut la perfidie d'accepter cette proposition : il fit copier cet écrit et le remit au prince de Lichtenstein. Or, comme les Saxons s'étaient déclarés contre la maison d'Autriche, et précisément avant l'arrivée du Roi, la reine de Hongrie avait envoyé une vieille demoiselle de Kling à Dresde, intrigante de profession, et qui, ayant assisté à l'éducation de la reine de Pologne, masquait la commission dont elle était chargée d'un voyage ordinaire, qui n'avait de but que de la rapprocher d'une princesse à laquelle elle était attachée dès longtemps. A peine est-elle arrivée à Dresde, qu'elle se rendit chez le comte de Brühl, et, le tirant à l'écart, elle sort de sa poche ce projet de partage, et lui dit : « Connaissez-vous ceci? Promettez-moi sur-le-champ de faire « que les Saxons se retirent de la Bohême, ou je découvre votre « trahison, et je vous perds. » Brühl promit ce qu'elle voulut; outre cela il n'osait par timidité désobliger le Roi, et il avait de la répugnance à remettre les troupes saxonnes entre les mains d'un voisin qu'il avait voulu dépouiller de ses États six mois auparavant. Ajoutez à ceci que Brühl se prêtait avec répugnance à l'agrandissement de l'électeur de Bavière, auquel il enviait la dignité impériale. Après que ces différents sentiments se furent combattus dans son esprit, la peur l'emporta : par timidité, il remit au Roi les troupes saxonnes, bien résolu de les retirer aussitôt que cela serait possible.

L'après-midi il y eut une conférence chez le Roi. Le comte Brühl, le comte de Saxe, Valori, M. Désaleurs et le comte Rutowski s'y trouvèrent. Le Roi leur exposa les moyens qu'il croyait les plus convenables pour sauver M. de Ségur et la Bavière; il avait une carte de la Moravie sur laquelle il leur expliqua son projet de campagne. Son dessein était de tomber de toutes parts sur les quartiers des Autrichiens. En conséquence, M. de Broglie devait attaquer le prince de Lorraine, qui commandait l'armée ennemie, du côté de Frauenberg, tandis que les Prussiens et les Saxons les prendraient en flanc vers Iglau. Le comte de Saxe objecta que le maréchal de Broglie avait à peine seize mille hommes avec lui, et que l'expédition d'Iglau manquerait faute de fourrages et de subsistances. La première objection était sans réplique; quant à la seconde, le Roi se chargea de la lever, d'aller à Prague se concerter avec M. de Séchelles, intendant de l'armée, sur les moyens de fournir des vivres aux Saxons. Sur ces entrefaites, le roi de Pologne entra dans la chambre. Après quelques civilités, le Roi voulut du moins lui faire l'honneur de lui communiquer à quel usage on destinait ses troupes. Le comte Brühl avait vite plié la carte de la Moravie; le Roi la lui redemanda; on l'étala de nouveau, et ce prince fit en quelque sorte le vendeur d'orviétan, débitant sa marchandise le mieux qu'il était possible : il appuyait surtout sur ce que le roi de Pologne n'aurait jamais la Moravie, s'il ne se donnait la peine de la prendre. Auguste III répondait oui à tout, avec un air de conviction qui était mêlé de quelque chose dans le regard qui dénotait l'ennui. Brühl que cet entretien impatientait, l'interrompit en annonçant à son maître que l'opéra allait commencer. Dix royaumes à conquérir n'eussent pas retenu le roi de Pologne une minute de plus. On alla donc à l'opéra, et le Roi obtint, malgré tous ceux qui s'y opposaient, une résolution finale.

Il fallait brusquer l'aventure comme on prend une place d'assaut; c'était le seul moyen de réussir à cette cour. Le lendemain,[a] à six heures du matin, le Roi fit inviter le père Guarini, qui était en même temps une espèce de favori, de ministre, de bouffon et de confesseur. Ce prince lui parla de façon à lui persuader qu'il ne voulait réussir que par lui : la finesse de cet Italien fut la dupe de son orgueil. Le père Guarini, en quittant le Roi, se rendit auprès de son maître, qu'il acheva de confirmer dans la résolution qu'il avait prise. Enfin le Roi partit de Dresde, après avoir vaincu tous les obstacles, la mauvaise volonté du comte de Brühl, le peu de résolution d'Auguste III, et les tergiversations du comte de Saxe, qui, peu occupé de la Bavière, avait encore les chi-

[a] 20 janvier.

mères de la Courlande en tête,[a] et croyait, pour faire sa cour, être dans la nécessité de contrecarrer autant qu'il était en lui les Prussiens.

Lorsque le Roi arriva à Prague, Linz tenait encore; mais le comte de Törring, par son inconsidération, s'était laissé battre par les Autrichiens. On fit encore quelques tentatives pour inspirer de l'activité au maréchal de Broglie, mais inutilement. Le Roi convint tout de suite avec M. de Séchelles pour fournir des subsistances aux Saxons; il dit : «Je ferai l'impossible possible;» sentence qui devrait être écrite en lettres d'or sur le bureau de tous les intendants d'armée. M. de Séchelles ne se contenta pas de le dire, mais il exécuta tout ce qu'il avait promis.

De Prague, le Roi passa par ses quartiers de Bohême. Il apprit en chemin que Glatz s'était rendu, et il s'achemina vers la Moravie. Il avait appointé le chevalier de Saxe et M. de Polastron à Landskron, pour concerter avec eux les opérations auxquelles on se préparait. M. de Polastron était un homme confit en dévotion, qui semblait plus né pour dire son chapelet que pour aller à la guerre. De là, le Roi se rendit à Olmütz, que le maréchal de Schwerin venait d'occuper. On devait établir des magasins dans cette ville; mais M. de Séchelles n'y avait pas présidé. Le séjour du Roi dans cette ville fut trop court pour obvier à cet inconvénient, et l'on prit les meilleures mesures que l'on put pour y remédier.

Pendant que le Roi était à Olmütz, il y arriva un certain Fitzner, conseiller du grand-duc de Toscane; il était chargé de quelques propositions de la cour de Vienne. Le Roi, qui se livrait trop à sa vivacité, sans entendre ce que Fitzner avait à lui dire, lui parla sans mettre de point ni de virgule à son discours : faute impardonnable en négociation, où la prudence veut qu'on entende patiemment les autres, et qu'on ne réponde qu'avec poids et mesure. Il lui rappela toutes les infractions que sa cour avait faites à la trêve d'Ober-Schnellendorf,[b] et il exhorta la Reine à s'accommoder promptement avec ses ennemis. Fitzner apprit au Roi la capitulation flétrissante que M. de Ségur venait de signer

[a] Voyez t. I, p. 156 et 169.
[b] Klein-Schnellendorf.

à Linz, d'où le Roi prit occasion de tirer de nouvelles raisons pour hâter la paix, en lui insinuant que les Anglais n'avaient que leur propre intérêt en vue, et ne se serviraient d'elle que pour la sacrifier enfin aux avantages qu'ils tâcheraient d'obtenir pour leur commerce. Fitzner ravala ainsi les choses qu'il était chargé de dire, et l'on convint de part et d'autre d'entretenir une correspondance secrète par le canal d'un certain chanoine Ianini.

On reçut dans ces entrefaites des nouvelles de Francfort-sur-le-Main, qui annonçaient l'élection et le couronnement de l'électeur de Bavière, qu'on nomma Charles VII. Cependant la cour de Vienne ne restait pas les bras croisés : si elle négociait avec ardeur, elle n'en négligeait pas moins de recourir à toutes ses ressources, pour se dégager par la force de tant d'ennemis qui l'accablaient. Elle leva en Hongrie quinze mille hommes de troupes régulières; elle convoqua dans ce royaume le ban et l'arrière-ban, qui devaient lui valoir quarante mille hommes à peu près. Son intention était d'en former deux corps d'armée, dont l'un devait pénétrer par Hradisch en Moravie, et l'autre devait passer par la Jablunka, et gagner en Haute-Silésie les derrières de l'armée prussienne, tandis que le prince de Lorraine s'avancerait de la Bohême pour combattre de front les troupes du Roi. Ce prince n'avait pris que la moitié des troupes qui hivernaient en Haute-Silésie, qui faisaient quinze mille hommes, à la tête desquelles il joignit les Français et les Saxons auprès de Trebitsch. Un autre corps occupa par ses ordres Wischau, Hradisch, Kremsier et les frontières de la Hongrie, pour couvrir ses opérations.

La lenteur jointe à la mauvaise volonté des Saxons, fit perdre dans cette expédition des jours et même des semaines; ce qui nuisit beaucoup au bien des affaires. Un seul exemple suffira pour preuve de ce que nous disons. Budischau est une maison de plaisance, riche et bien ornée, qui appartient à un comte Paar; on avait assigné par galanterie ce quartier aux Saxons. Le comte Rutowski et le chevalier de Saxe s'y trouvèrent si bien, que jamais on ne put faire avancer leurs troupes; ils y demeurèrent trois jours. Cet empêchement fut cause que le prince de Lobkowitz eut le temps de retirer ses magasins d'Iglau, et qu'à l'approche des alliés il se replia sur Wittingau. Les Saxons occupèrent Iglau; mais il fut impossible de les faire avancer ni sur la Taja, ni vers Horn en Autriche. C'est le cas de la plupart des généraux qui commandent des troupes auxiliaires, de voir échouer leurs projets, faute d'obéissance et d'exécution. Les Saxons, qui étaient les plus intéressés à cette expédition, étaient ceux-là même qui employaient le plus de malice et de mauvaise foi pour la contrecarrer.

Ces contre-temps obligèrent le Roi à refondre ses dispositions. Il donna aux Saxons les quartiers les plus voisins de la Bohême, et les Prussiens occupèrent les bords de la Taja, de Znaim jusqu'à Göding, petite ville qui est sur les frontières de la Hongrie. Bientôt un détachement de cinq mille hommes partit de Znaim, et fit une irruption dans la Haute-Autriche; la terreur s'en répandit jusqu'aux portes de Vienne. La cour rappela sur-le-champ dix mille hommes de la Bavière au secours de cette capitale. Les hussards de Zieten poussèrent jusqu'à Stockerau, qui n'est qu'à une poste de Vienne. Cette irruption mit les troupes à leur aise par la quantité de subsistances qu'elle leur procura. Mais les Saxons s'inquiétaient dans leurs quartiers; ils voyaient partout l'ennemi, comme les vieilles femmes croient voir des revenants; la peur leur grossissait tous les objets : ils demandèrent qu'on leur laissât occuper les quartiers des Prussiens; ce qui leur fut accordé. M. de Polastron, rappelé en Bohême par les ordres de M. de Broglie, avait quitté l'armée, de sorte que ce qui restait formait à peine trente mille hommes.

Le Roi découvrit, par des lettres de Vienne interceptées, que les Hongrois commençaient à se rassembler sur les frontières de la Moravie. Il n'y avait pas de moment à perdre; il fallait dissiper cette milice avant que son nombre devînt trop considérable. Cette commission tomba sur le prince Thierry d'Anhalt, qui avec dix bataillons, autant d'escadrons et mille hussards, entra en Hongrie, enleva trois quartiers des insurgents, leur prit mille deux cents hommes, et répandit une telle alarme dans ce royaume, qu'une partie de l'arrière-ban se sépara.

Cette expédition si heureusement terminée, ce prince vint rejoindre l'armée aux environs de Brünn; car les Saxons étaient à

Znaim, Laab, Nikolsbourg, et les Prussiens, à Pohrlitz, Austerlitz, Selowitz, et aux environs de Brünn. On avait demandé du canon au roi de Pologne, pour assiéger cette ville : ce prince le refusa, faute d'argent; il venait de dépenser quatre cent mille écus pour acheter un gros diamant vert. Il voulait la chose, et se refusait de se prêter aux moyens. L'expédition du Roi manqua donc par bien des raisons : M. de Ségur s'était laissé prendre avant qu'on le pût secourir; M. de Broglie était paralytique; Brühl craignait plus mademoiselle de Kling qu'il ne se souciait de la Moravie; Auguste III voulait un royaume, mais il ne voulait pas prendre la peine de le conquérir. Cependant sans la prise de Brünn les alliés ne pouvaient pas même se soutenir en Moravie. Ce qu'il y avait de pire, c'était que le Roi ne pouvait faire aucun fond sur la fidélité des Saxons, et il devait s'attendre qu'ils l'abandonneraient à l'approche de l'ennemi. Un beau jour, lorsqu'on s'y attendait le moins, tous les Saxons abandonnèrent leurs quartiers, et se jetèrent avec précipitation sur ceux que les Prussiens occupaient : un millier de hussards autrichiens leur avait donné une terreur panique; on leur procura des quartiers, et Brünn fut serré de plus près.

Le commandant de cette place était un homme intelligent. Il envoyait des gens déguisés pour mettre le feu aux villages que les troupes occupaient : toutes les nuits il y eut des incendies; on compta plus de seize bourgs, villages ou hameaux qui périrent par les flammes. Un jour, trois mille hommes de la garnison de Brünn attaquèrent le régiment de Truchsess dans le village de Lösch : ce régiment se défendit pendant cinq heures avec une constance et une valeur admirable. Le village fut brûlé; mais les ennemis furent chassés sans avoir remporté le moindre avantage. Truchsess, Varenne[a] et quelques officiers y furent blessés en se couvrant de gloire. Enfin les efforts qu'on avait faits pour dégager M. de Ségur, attiraient naturellement les Autrichiens en

[a] Frédéric-Sébastien-Wunibald comte Truchsess-Waldbourg, alors général-major, et chef du régiment d'infanterie n° 13. Frédéric-Guillaume marquis de Varenne était lieutenant-colonel dans ce régiment; la même année il devint colonel et commandeur du régiment d'infanterie n° 26; il mourut pendant la seconde guerre de Silésie, en 1744, à Prague.

Moravie. Le duc de Lorraine allait se mettre en marche pour dégager Brünn : il fallait choisir un lieu d'assemblée pour les troupes, et qui fût en même temps un camp avantageux. Ces propriétés se trouvaient réunies au terrain qui environne la ville de Pohrlitz. Le Roi communiqua au chevalier de Saxe son dessein d'attendre l'ennemi dans cette position, ce qui pouvait s'exécuter avec d'autant plus de sûreté, que le Roi avait été joint par six bataillons et trente escadrons de renfort de ses troupes. Le chevalier donna une réponse ambiguë, qui préparait dès lors aux excuses de sa désobéissance : la raison la plus spécieuse qu'il alléguait, se fondait sur la faiblesse de ses troupes, qu'il ne disait monter qu'à huit mille combattants. Le peu de fond qu'on pouvait faire sur ces troupes saxonnes, fit faire des réflexions à ce prince sur la situation où il se trouvait. Ses propres troupes ne consistaient qu'en vingt-six mille hommes; c'étaient les seules sur lesquelles il pût compter, et c'était trop peu pour faire tête à l'armée du duc de Lorraine. Après tout, pourquoi s'opiniâtrer à prendre cette Moravie, pour laquelle le roi de Pologne, qui devait l'avoir, témoignait tant d'indifférence? Le seul parti à prendre, c'était de se joindre aux troupes prussiennes qui étaient en Bohême; et pour couvrir Olmütz et la Haute-Silésie, on pouvait se servir de l'armée du prince d'Anhalt, qui devenait inutile auprès de Brandebourg. Il reçut donc incessamment l'ordre de la partager : d'en envoyer une partie à Chrudim en Bohême, et de mener dix-sept bataillons et trente-cinq escadrons dans la Haute-Silésie, où il serait joint par son fils, le prince Didier,[a] avec les troupes que le Roi laisserait dans ces environs.

Malgré toutes ces dispositions, le Roi se trouvait dans un pas scabreux : il avait tout lieu de se défier des Saxons, mais leur mauvaise foi n'était pas assez manifeste. M. de Broglie le tira de cet embarras, en demandant les troupes saxonnes, pour le renforcer, à ce qu'il disait, contre le prince de Lorraine, qui voulait l'attaquer dans le temps que ce prince prenait le chemin de la Moravie avec son armée. Le Roi fit semblant d'ajouter foi au faux

[a] Ce prince, que l'Auteur nomme quelques lignes plus bas *Thierry*, était le troisième fils du célèbre prince régnant Léopold d'Anhalt-Dessau. Il était alors lieutenant-général et chef du régiment d'infanterie n° 10 ; il était né le 2 août 1702.

avis du maréchal de Broglie, pour se défaire d'alliés suspects. Le départ de la Moravie fut résolu : quinze escadrons et douze bataillons suivirent le Roi en Bohême ; vingt-cinq escadrons et dix-neuf bataillons demeurèrent sous les ordres du prince Thierry dans un camp avantageux auprès d'Olmütz, où ce prince aurait pu se soutenir, si le maréchal de Schwerin avait veillé, comme il devait, à amasser suffisamment de vivres pour les troupes. M. de Bülow, qui suivait le Roi en qualité de ministre de Saxe, le voyant sur son départ de la Moravie, lui dit : «Mais, Sire, qui couronnera donc mon maître?» Le Roi lui répondit qu'on ne gagnait les couronnes qu'avec du gros canon, et que c'était la faute des Saxons s'ils en avaient manqué pour prendre Brünn.

Ce prince, bien résolu de ne commander désormais qu'à des troupes dont il pût disposer et qui savaient obéir, poursuivit sa route passant par Zwittau et Leutomischl, et il arriva le 17 d'avril à Chrudim, auprès du prince Léopold, où il mit ses troupes en quartier de rafraîchissement. Les Saxons essuyèrent un petit échec dans cette retraite : les hussards ennemis leur enlevèrent un bataillon qui faisait leur arrière-garde. Vainement voulut-on leur persuader de se joindre aux Français, ils traversèrent les quartiers des Prussiens pour se cantonner dans le cercle de Saatz sur les frontières de leur électorat. Par leur défection, les Français, affaiblis, demeurèrent à Pisek sans secours. Le fardeau de la guerre pesait presque uniquement sur les épaules des Prussiens, et les ennemis puisaient dans l'affaiblissement des alliés les espérances les plus flatteuses de leurs succès.

Pendant que les Prussiens se refaisaient en Bohême de leurs fatigues, que les Français sommeillaient à Pisek, et que les Saxons s'éloignaient le plus vite qu'ils pouvaient des hasards de la guerre, le prince de Lorraine rentrait en Moravie. Le prince Thierry d'Anhalt lui présenta la bataille auprès de Wischau ; son poste était si bien pris, que les troupes de la Reine n'osèrent le brusquer. Les Prussiens restèrent dans cette position, et ne la quittèrent qu'après avoir consumé le dernier tonneau de farine qui restait dans leur magasin. Le prince Thierry passa les montagnes de la Moravie, et assit son camp entre Troppau et Jägerndorf, sans que l'armée ennemie fît mine de le suivre. Dans cette retraite, les dragons de Nassau, nouvellement levés, eurent une affaire[34] avec les hussards autrichiens, où ils se signalèrent par leur valeur et par leur conduite. En même temps, le régiment de Kannenberg se fit jour[35] à travers trois mille ennemis qui voulaient le couper de l'armée, et s'acquit beaucoup de gloire.[a] Les gendarmes, qui cantonnaient, furent attaqués de nuit dans un village[b] où l'ennemi avait mis le feu : la moitié des escadrons se battirent à pied parmi les flammes, pour donner aux autres le temps de monter à cheval; alors ils donnèrent sur les Autrichiens, les battirent et leur firent des prisonniers; un colonel[c] Bredow les commandait. Ces faits ne sont pas importants; mais comment laisser périr dans l'oubli d'aussi belles actions, surtout dans un ouvrage que la reconnaissance consacre à la gloire de ces braves troupes?

Cependant que pouvait-on prévoir de cette guerre, en réfléchissant sur le peu d'intelligence qui régnait entre les alliés, sur les pitoyables généraux des Français, sur la faiblesse de leur armée, sur la faiblesse plus grande encore de celle de l'Empereur? sinon que les vastes projets du cabinet de Versailles qui semblaient devoir s'accomplir l'année précédente, étaient plus que douteux alors.

De tels pronostics, fondés sur des faits certains, avertissaient le Roi de ne pas s'enfoncer trop profondément dans ce labyrinthe, mais d'en chercher l'issue au plus tôt : bien d'autres raisons se joignaient encore à celles que nous venons de rapporter, pour renouer la négociation de la paix avec la reine de Hongrie. Le lord Hyndford fut employé pour moyenner cet accommodement : il y était plus propre qu'un autre, vu qu'il avait déjà travaillé à la réconciliation des deux puissances, et que son amour-propre se trouvait intéressé à couronner son ouvrage. Il trouva la cour de Vienne moins docile que par le passé : l'affaire de Linz, l'évacuation de la Moravie et la défection des Saxons, lui

34 A Napagedl [5 mars 1742].
35 [A Fulnek] entre Prerau et Grätz [18 mars 1742].
a Le colonel baron de Kannenberg était chef du régiment de dragons n° 4.
b A Senitz, auprès d'Olmütz, 18 avril 1742.
c Major.

avaient rendu son ancienne fierté; ses négociations secrètes à la cour de Versailles lui faisaient même porter ses vues plus loin. On a vu de tout temps l'esprit de la cour d'Autriche suivre les impressions brutes de la nature: enflée dans la bonne fortune et rampante dans l'adversité, elle n'a jamais pu parvenir à cette sage modération qui rend les hommes impassibles aux biens et aux maux que le hasard dispense. Alors son orgueil et son astuce reprenaient le dessus. Le mauvais succès de cette tentative du lord Hyndford fortifia le Roi plus que jamais dans l'opinion où il était, que pour qu'une négociation de paix réussît avec les Autrichiens, il fallait auparavant les avoir bien battus. Une armée belle et reposée l'invitait à tenter le sort des armes; elle était composée de trente-quatre bataillons et de soixante escadrons, ce qui faisait à peu près le nombre de trente-trois mille hommes.

Avant que l'on en vînt à cette décision, il arriva un changement dans le ministère anglais. Cette nation inquiète et libre était mécontente du gouvernement, parce que la guerre des Indes se faisait à son désavantage, et que la Grande-Bretagne ne jouait pas un rôle convenable dans le continent. On fouetta le Roi sur le dos de son ministre: il fut obligé de chasser le sieur Walpole,[a] que mylord Carteret remplaça. Un mécontentement à peu près semblable, dans le siècle passé, coûta la vie au roi Charles Ier: c'était l'ouvrage du fanatisme, et la chute de Walpole ne peut s'attribuer qu'à une cabale de parti. Tous les seigneurs voulaient parvenir au ministère: Walpole avait occupé cette place trop longtemps. Après l'avoir culbuté, la possibilité de réussir donna une nouvelle effervescence à l'ambition des grands; ce qui fit que dans la suite cet emploi passa de main en main, et devint de toutes les places du royaume la plus movible.

Le cardinal de Fleury fut très-mécontent de ce changement: il s'accommodait assez de la conduite modérée de Walpole, et il craignait tout de l'impétuosité de Carteret, qui, à l'exemple d'Annibal, avait juré une haine implacable à tout ce qui portait le nom français. Cet Anglais ne démentit pas l'opinion qu'on avait de lui: il fit payer des subsides à la reine de Hongrie; il la prit sous sa protection; il fit passer des troupes anglaises en Flandre;

[a] Voyez ci-dessus, p. 13.

et, pour diminuer le nombre des ennemis de l'Autriche, il s'engagea envers le Roi de lui procurer une paix avantageuse. Ces offres furent reçues avec reconnaissance, quoique le Roi fût bien déterminé à n'avoir l'obligation de la paix qu'à la valeur de ses troupes, et à ne point fonder ses espérances sur l'incertitude d'une négociation. M. de Broglie, qui se trouvait à Pisek, avec une douzaine de ducs et pairs, à la tête de dix mille hommes, fit tant par ses représentations, que le Cardinal résolut de lui envoyer quelques secours. On ne les rassembla qu'au printemps, et ils arrivèrent trop tard; faute souvent reprochée aux Français, de n'avoir pas pris leurs mesures à temps. Amis des Autrichiens, ils leur avaient fait perdre Belgrad : à présent qu'ils étaient leurs ennemis, ils ne leur faisaient aucun mal; cette dernière paix ressemblait à la guerre, et cette dernière guerre, à la paix. C'est par cette conduite molle qu'ils perdirent les affaires de l'Empereur, et que la prudence engagea la plupart de leurs alliés à les abandonner. Ce siècle était stérile en grands hommes pour la France; celui de Louis XIV en produisait en foule. L'administration d'un prêtre avait perdu le militaire. Sous Mazarin, c'étaient des héros; sous Fleury, c'étaient des courtisans sybarites.

CHAPITRE VI.

Événements qui précèdent la bataille de Chotusitz. Disposition de la bataille. Affaire de Sahay. M. de Belle-Isle vient au camp prussien; il part pour la Saxe. Paix de Breslau.

L'armée du Roi en Bohême était partagée en trois divisions: seize bataillons et vingt escadrons couvraient le quartier général de Chrudim; dix bataillons et vingt escadrons, aux ordres de M. de Jeetze, étaient aux environs de Leutomischl, et M. de Kalckstein occupait, avec un nombre pareil, Kuttenberg. Ces trois corps pouvaient se joindre en deux fois vingt-quatre heures. Outre cela, deux bataillons occupaient la forteresse de Glatz;[a] un bataillon gardait les magasins de Königingrätz, et trois autres couvraient les dépôts de Pardubitz, de Podiebrad et de Nimbourg; de sorte que l'Elbe coulait en ligne parallèle derrière les quartiers des Prussiens; et les magasins étaient distribués de sorte que, de quelque côté que vînt l'ennemi, l'armée pouvait se porter à sa rencontre. Le prince d'Anhalt, plus fort qu'il n'était nécessaire, n'ayant point d'ennemi devant lui, garda dix-huit bataillons et soixante escadrons pour couvrir la Haute-Silésie, et détacha le général Derschau, avec huit bataillons et trente escadrons, pour renforcer l'armée de Bohême. Ce renfort était encore en marche, qu'on apprit que le prince de Lorraine quittait la Moravie, et marchait par Teutsch-Brod et Zwittau pour entrer en Bohême. On sut même que le maréchal de Königsegg,

[a] La ville de Glatz se rendit le 9 janvier 1742; la citadelle, le 26 avril.

qui commandait cette armée *à latere*, avait dit qu'il fallait tirer droit sur Prague, et combattre les Prussiens chemin faisant : il ne les croyait forts que de quinze mille hommes, et sa supériorité assez considérable pour attaquer un corps aussi faible sans rien hasarder. Bien des personnes condamnèrent ce maréchal, que faisant la guerre dans les propres États de la Reine, il était aussi mal informé qu'il l'était : ce n'était pas tout à fait sa faute; la Bohême inclinait plus pour les Bavarois que pour les Autrichiens; d'ailleurs les Prussiens étaient vigilants, et observaient attentivement les personnes qui pouvaient les trahir; et enfin, des troupes arrivaient, d'autres partaient, de façon que ces mouvements étaient difficiles à débrouiller, qu'un campagnard ne pouvait les débrouiller. Voilà les jugements qu'on porte des militaires. Leur art est conjectural; ils peuvent être mal servis de leurs espions; leurs dispositions peuvent être mal exécutées, et c'est eux qu'on blâme : et cependant l'ambition, flattée par le commandement des armées, s'empresse de l'obtenir.

A l'approche des Autrichiens, le Roi avait le choix de deux partis, ou de mettre l'Elbe devant soi, ou d'aller à la rencontre du prince de Lorraine et de le combattre. Ce dernier parti prévalut, non seulement comme le plus glorieux, mais encore comme le plus utile, parce qu'il devait hâter la paix; les négociations, comme nous l'avons dit, demandant un coup décisif. L'armée du Roi s'assembla aussitôt[36] auprès de Chrudim, qui en faisait le centre; la droite fut appuyée à Trzenitz, et la gauche, au ruisseau de la Chrudimka. Les batteurs d'estrade, les espions, et les déserteurs de l'ennemi avertirent que le prince de Lorraine allait camper ce même jour à Setsch et Boganow, et qu'il voulait y séjourner le 15. On apprit d'autre part qu'un détachement de l'ennemi avait occupé Czaslau; qu'un autre corps marchait à Kuttenberg; et que ses hussards s'étaient emparés du pont de Kolin.

Le dessein de M. de Königsegg paraissait être d'enlever le magasin prussien de Nimbourg, et de s'avancer ensuite vers Prague. Pour le contrecarrer, le Roi partit le 15 avec l'avant-garde, suivi de l'armée, pour gagner le poste de Kuttenberg avant l'ennemi : il fallut presser cette marche, pour arranger la boulangerie de

[36] 13 mai.

l'armée à Podiebrad. Cette avant-garde était composée de dix bataillons, d'autant d'escadrons de dragons et d'autant de hussards. Le Roi campa ces troupes sur la hauteur de Podhorzan, auprès de Chotieborz, où ce corps, quoique faible, était dans un poste inexpugnable. Ce prince, pour s'orienter dans ce terrain, alla à la découverte, et il aperçut, d'une hauteur, un corps à peu près de sept ou huit mille hommes qui campait à un demi-mille de là, vers Willimow. En combinant avec la marche du prince de Lorraine le corps qu'on apercevait, on jugea que ce pouvait être le prince de Lobkowitz, qui venait de Budweis pour se joindre à la grande armée.

Le prince Léopold, qui suivait le Roi, eut ordre d'avancer le lendemain, pour que ces deux corps fussent à portée de se secourir réciproquement. Cependant on ne vit aux environs de Podhorzan que beaucoup de petits partis, que l'ennemi envoyait probablement pour reconnaître ce camp. Les patrouilles des Prussiens allèrent pendant toute la nuit; les chevaux de la cavalerie étaient sellés, et les soldats, habillés; ce qui maintint l'avant-garde à l'abri de toute surprise. Le lendemain,[37] à la pointe du jour, les hussards rapportèrent que le camp qu'on avait vu la veille à Willimow avait disparu. Ces troupes qu'on avait prises pour celles du prince de Lobkowitz, étaient effectivement l'avant-garde du prince de Lorraine, qui, pour ne rien risquer, s'était retiré à l'approche des Prussiens.

Aussitôt que le prince Léopold eut passé le défilé de Herzmanmiestetz, l'avant-garde continua sa marche. Le Roi choisit en route une position pour l'armée, et il fit avertir le prince Léopold de camper la droite à Czaslau, et la gauche au village de Chotusitz. L'avant-garde ne devançait l'armée que d'un demi-mille; elle prit des cantonnements entre Neuhof, à la droite de l'armée prussienne, et Kuttenberg : on trouva dans cette ville une cuisson de pain préparée pour les Autrichiens, et tous les secours dont les troupes peuvent avoir besoin. L'avant-garde devait s'assembler au signal de trois coups de canon sur la hauteur de Neuhof; ce qui était facile, parce que les régiments les plus éloignés n'étaient qu'à un quart de mille des autres. Vers le

[37] Le 16 mai.

soir, le prince Léopold envoya un officier pour rapporter au Roi que la marche de l'armée ayant été appesantie à cause de l'artillerie et le gros bagage, il n'était arrivé au camp qu'au soleil couchant, ce qui l'avait empêché de prendre Czaslau; et qu'il avait appris que le prince Charles campait à Willimow, c'est-à-dire à un mille du camp prussien.

Tout cela préparait la bataille qui devait se donner : dans cette intention le Roi partit le 17, à quatre heures du matin, pour joindre le prince Léopold. En arrivant aux hauteurs de Neuhof, on découvrit toute l'armée autrichienne, qui pendant la nuit avait gagné Czaslau, et qui s'avançait sur quatre colonnes pour attaquer les Prussiens; voici l'ordre dans lequel elles[a] étaient rangées. Elles étaient dans une plaine dont la gauche tire vers le parc de Sbislau; entre ce parc et le village de Chotusitz, le terrain était marécageux et traversé par quelques petits ruisseaux. La droite aboutissait proche de Neuhof et s'appuyait à une chaîne d'étangs, ayant une hauteur devant elle. Le Roi fit avertir le maréchal de Buddenbrock d'occuper cette hauteur avec sa cavalerie; au prince Léopold, de détendre promptement les tentes, de mettre les deux tiers de l'infanterie en première ligne, et de laisser, à la droite de la seconde ligne, du terrain pour y former l'infanterie de l'avant-garde. Toute cette avant-garde, tant cavalerie qu'infanterie, arriva au grand trot pour joindre l'armée. Les dragons furent mis en seconde ligne à l'aile que le maréchal de Buddenbrock commandait, et les hussards, sur les flancs; et en troisième, l'infanterie forma le flanc et la seconde ligne de l'aile droite; car les Prussiens avaient appris à connaître par la bataille de Mollwitz l'importance de bien garnir les flancs.

A peine les troupes furent-elles incorporées à l'armée, que la canonnade commença; les quatre-vingt-deux pièces de l'armée prussienne firent un feu assez vif. Le maréchal de Buddenbrock avait formé, sur la hauteur qui était devant lui, son aile de cavalerie, de sorte que sa droite débordait celle du prince de Lorraine. Il attaqua l'ennemi avec tant d'impétuosité, qu'il renversa tout ce qu'il trouva vis-à-vis de lui; la poussière était prodigieuse : elle fut cause que la cavalerie ne put pas profiter de ses

[a] Les troupes prussiennes.

avantages autant qu'on devait s'y attendre. Les hussards de Bronikowski, nouvellement formés, avaient été de l'avant-garde du Roi; la cavalerie ne les connaissait pas, ils étaient habillés de vert, on les prit pour des ennemis : un cri s'éleva, «nous sommes coupés!» et cette première ligne victorieuse s'enfuit à vau-de-route. Le comte de Rottembourg, qui était avec les dragons de la seconde ligne, renversa cependant un gros de l'ennemi qui tenait encore; ensuite il donna sur le flanc de l'infanterie autrichienne, qu'il maltraita beaucoup, et qu'il aurait toute hachée en pièces, si quelques cuirassiers et hussards autrichiens ne lui étaient tombés à dos et en flanc. Rottembourg fut blessé, et sa troupe, mise en confusion, se retira de la mêlée avec peine. La cavalerie cependant se rallia, et lorsque la poussière fut dissipée, il ne parut sur ce terrain, où tant de monde s'était battu, que cinq escadrons de l'ennemi : c'étaient les dragons de Würtemberg, commandés par le colonel Pretlack.

Pendant ce combat de cavalerie, il parut un certain flottement dans l'infanterie ennemie, qui annonçait son incertitude, lorsque M. de Königsegg résolut de faire avec sa droite un effort sur la gauche des Prussiens. Ce parti était judicieusement pris, parce que le prince Léopold ayant trop tardé à mettre les troupes en bataille, n'avait pas eu le temps de la former sur le terrain le plus avantageux. Il avait garni en hâte le village de Chotusitz; le régiment de Schwerin l'occupait, mais mal et sans observer de règles : son régiment était à la gauche de ce village, mais en l'air, parce qu'il avait supposé, sans examen du terrain, que la cavalerie de la gauche devait occuper l'espace qu'il y avait entre son régiment et le parc de Sbislau: mais ce terrain se trouvant coupé de ruisseaux, il ne fut pas possible à la cavalerie de l'occuper, d'où il résulta que son régiment avait l'aile gauche en l'air.

Cependant la bonne volonté de la cavalerie lui fit tenter l'impossible; elle défila, en partie par le village de Chotusitz, et en partie par des ponts, pour se former; en débouchant, elle trouva M. de Batthyani tout formé, avec la cavalerie autrichienne devant elle. Alors les régiments de Prusse, de Waldow et de Bredow [a]

[a] Ce sont les régiments de cuirassiers n° 2, 12 et 7, dont les chefs étaient le général-major prince Auguste-Guillaume, frère puîné du Roi, le lieutenant-

pénétrèrent à travers la première et la seconde ligne de l'ennemi, hachèrent en pièces les régiments d'infanterie hongroise de Palffy et de Vetes qui formaient la réserve des Autrichiens, et, s'apercevant que leur ardeur les avait emportés trop loin, ils se firent jour par la seconde, ensuite par la première ligne de l'infanterie ennemie, et revinrent ainsi, chargés de trophées, rejoindre l'armée.

La seconde ligne de l'aile gauche de la cavalerie prussienne fut attaquée par un corps autrichien dans le temps qu'elle débouchait de Chotusitz; elle n'eut pas le temps de se former, et fut battue en détail. M. de Königsegg, qui s'aperçut que par l'abandon de la cavalerie le régiment de Léopold n'était plus appuyé de rien, dirigea tous les efforts de son infanterie de ce côté-là. Ce régiment fut contraint de reculer: l'ennemi profita de ce mouvement pour mettre le feu au village de Chotusitz; en quoi il commit une grande sottise, parce qu'il ne faut pas embraser un village qu'on veut prendre, puisque les flammes vous empêchent d'y entrer; mais il est prudent de mettre le feu à un village qu'on abandonne, pour empêcher l'ennemi de vous poursuivre. Le régiment de Schwerin, qui s'aperçut à temps de cet incendie, abandonna le village, et forma le flanc de la gauche : ce feu forma comme une barrière, qui empêcha les deux armées de s'assaillir de ce côté. Cela n'empêcha pas l'ennemi d'attaquer la gauche des Prussiens à la droite du village; entre autres le régiment de Giulay, infanterie hongroise, voulut entrer le sabre à la main dans cette ligne; cette expérience lui réussit si mal, que soldats et officiers, de même que le régiment de Léopold Daun, étaient couchés devant les bataillons prussiens comme s'ils avaient mis les armes bas : tant le fusil, bien manié, est devenu une arme redoutable. Le Roi saisit ce moment pour porter avec promptitude sur le flanc gauche de l'infanterie autrichienne. Ce mouvement décida la victoire; les ennemis se rejetèrent sur leur droite, où ils se trouvèrent acculés à la Dobrawa; ils s'étaient engagés dans un terrain où ils ne pouvaient combattre, ce qui rendit leur confusion générale. Toute la campagne fut couverte de fuyards;

général Arnaud-Christophe de Waldow, et le général-major Frédéric-Sigismond de Bredow.

le maréchal de Buddenbrock les talonna vivement dans leur déroute : il les poursuivit avec quarante escadrons, soutenus de dix bataillons, jusqu'à un mille du champ de bataille.

Les trophées des Prussiens consistèrent en dix-huit canons et deux drapeaux; ils firent mille deux cents prisonniers. Quoique cette affaire n'ait pas été des plus considérables, l'ennemi y perdit quantité d'officiers; et si l'on voulait évaluer leur perte en comptant morts, prisonniers, blessés et déserteurs, on pourrait la faire monter, sans exagération, à sept mille hommes. On leur aurait également enlevé quantité d'étendards, si par précaution ils ne les avaient tous laissés en arrière, sous la garde de trois cents maîtres; les Prussiens en perdirent onze : cela doit d'autant moins surprendre, que l'usage de la cavalerie autrichienne était alors de tirer à cheval; elle était toujours battue, mais cela ne laissait pas d'être meurtrier pour les chevaux des assaillants. Les morts, du côté des Prussiens, montèrent à neuf cents cavaliers et à sept cents fantassins; il y eut bien deux mille blessés : les généraux de Werdeck et de Wedell,[a] les colonels Bismarck, Maltzahn, Kortzfleisch et Britz[b] y perdirent la vie, en se couvrant de gloire, et les troupes y firent des prodiges de valeur.

L'action ne dura que trois heures. Celle de Mollwitz avait été plus vive, plus acharnée, et plus importante pour les suites qu'elle eut : si les Prussiens avaient été battus à Chotusitz, l'État n'était pas sans ressources; mais en emportant la victoire, c'était se procurer la paix.

Les généraux des deux partis firent des fautes, qu'il est bon d'examiner, pour n'en pas commettre de pareilles. Commençons par M. de Königsegg. Il forme le projet de surprendre les Prussiens : il s'empare de nuit de Czaslau, et ses troupes légères escarmouchent jusqu'au lever de l'aurore avec les grand's gardes des

[a] Ernest-Ferdinand de Werdeck, général-major et chef du régiment de dragons n° 7; né en 1687.

Jean de Wedell, général-major et chef du régiment d'infanterie n° 5. Il succomba à ses blessures, âgé de soixante-quatre ans.

Le Roi ne nomme pas le lieutenant-général Arnaud-Christophe de Waldow, chef du régiment de cuirassiers n° 12, et chevalier de l'Aigle noir, qui fut de même mortellement blessé à la bataille de Chotusitz. Il était né en 1672.

[b] Pritzen.

Prussiens. Était-ce à dessein de les tenir alertes, et de les empêcher d'être surpris, et de les avertir du projet qu'il méditait? Le jour de l'action,[38] il pouvait dès l'aube tomber sur le camp du prince Léopold, que le Roi ne joignit qu'à six heures : que fait-il? il attend jusqu'à huit heures du matin pour se mettre en mouvement, et l'avant-garde arrive. Quelles fautes fait-il dans la bataille même? il laisse au maréchal de Buddenbrock la liberté de se saisir d'une hauteur avantageuse d'où la cavalerie prussienne fond sur son aile gauche et l'accable; il prend le village de Chotusitz, et au lieu de s'en servir pour tourner entièrement le flanc gauche de son ennemi, il se prive de cet avantage en y mettant le feu, et en empêchant lui-même ses troupes de le passer, ce qui protégea la gauche des Prussiens; il fixe toute son attention à sa droite, et il néglige sa gauche, que le Roi déborde et force de reculer jusqu'au ruisseau de la Dobrawa, où la confusion de cette aile se communique à toute son armée. Ainsi, dans le moment qu'il tenait la victoire entre ses mains, il la laissa échapper, et fut réduit à prendre la fuite pour éviter l'ignominie de mettre bas les armes.

Ce qu'on peut censurer dans la conduite du Roi, c'est de n'avoir pas rejoint son armée dans ce camp : il pouvait confier son avant-garde à un autre officier, qui la pouvait mener aussi bien que lui à Kuttenberg. Mais ce qu'on peut reprendre à la manière dont le terrain fut occupé, ne doit s'attribuer qu'au prince Léopold : il aurait dû exécuter à la lettre les dispositions que le Roi lui avait prescrites; il aurait dû sortir de sa sécurité, étant averti des desseins de l'ennemi par de continuelles escarmouches, qui durèrent toute la nuit. Il n'avait pas fait un usage judicieux du terrain où il devait combattre : ses fautes consistaient à n'avoir pas jeté quelque infanterie dans le parc de Sbislau qui couvrait la droite,[a] et qui aurait bien empêché M. de Batthyani avec sa cavalerie d'en approcher. Sa cavalerie aurait dû s'appuyer à ce parc : s'il avait été assez vigilant pour le faire à temps, la chose n'était point impraticable. Son ordre de bataille sur la droite était moins défectueux : en faisant les change-

[38] 17 mai.

[a] Voyez ci-dessus, p. 121.

ments que l'on vient d'indiquer, sa cavalerie de la gauche laissait loin derrière elle ces petits ruisseaux qu'elle fut obligée de passer en présence de l'ennemi, et elle se serait trouvée dans un terrain où rien ne l'empêchait d'agir librement. Ajoutons encore que le village de Chotusitz n'avait tout au plus que l'apparence d'un poste: le cimetière était le seul lieu tenable, mais il était entouré de chaumières de bois, qui se seraient embrasées sitôt que le feu d'infanterie aurait commencé. Le seul moyen de défendre ce village était de le retrancher; et, comme le temps manquait pour faire cet ouvrage, il ne fallait pas penser à vouloir le soutenir.

La faute principale que le prince Léopold commit dans ce qui précéda cette action, fut qu'il ne voulut croire que les ennemis venaient pour l'attaquer, que lorsqu'il vit leurs colonnes qui commençaient à se déployer devant son front. Alors il était bien tard de penser à de bonnes dispositions; mais la valeur des troupes triompha des ennemis, des obstacles du terrain, et des fautes dans lesquelles tombèrent ceux qui les commandaient: une pareille armée était capable de tirer un général d'embarras, et le Roi est lui-même convenu qu'il lui avait plus d'une obligation en ce genre.

Les Autrichiens, après leur défaite, ne s'arrêtèrent qu'à trois milles du champ de bataille, auprès du village de Habr, où ils prirent un camp fortifié sur la croupe des montagnes. Le prince de Lorraine y fut joint par un renfort de quatre mille hommes; le Roi en reçut un, en même temps, de six mille, que le prince d'Anhalt lui envoyait de la Haute-Silésie, sous la conduite du général Derschau. Les Prussiens suivirent les ennemis; mais lorsque leur avant-garde parut vers le soir aux environs de Habr, dès la nuit même le prince de Lorraine en décampa: il se jeta par de grands bois sur le chemin de Teutsch-Brod. Les troupes prussiennes, qui ne pouvaient pas s'enfoncer plus avant en Bohême, faute de vivres, allèrent se camper à Kuttenberg, pour être à portée de leurs magasins.

Tandis que le prince de Lorraine se faisait battre par les Prussiens, Lobkowitz passa la Moldau à la tête de sept mille hommes, et vint audacieusement faire le siége de Frauenberg, dont le château pouvait tenir huit jours.[39] Broglie, qui avait reçu un renfort de dix mille hommes, et que le maréchal de Belle-Isle vint joindre parce que la diète de Francfort était finie, Broglie, dis-je, se mit en devoir de secourir cette ville : il fit passer tout son corps par un défilé très-étroit auprès de Sahay, que Lobkowitz avait garni de quelque infanterie. Les premiers escadrons français qui débouchèrent, sans ordre ni disposition, attaquèrent les cuirassiers de Hohenzollern et de Bernis, qui faisaient l'arrière-garde de Lobkowitz, et les battirent. Les Autrichiens avaient à dos un bois où ils se rallièrent à différentes reprises; mais comme le nombre des Français augmentait, ils enfoncèrent enfin les ennemis, et M. de Lobkowitz ne se crut en sûreté qu'en gagnant en hâte Budweis. Les cuirassiers autrichiens passaient autrefois pour les piliers de l'Empire; les batailles de Krozka et de Mollwitz les privèrent de leurs meilleurs officiers; on les remplaça mal : alors cette cavalerie tirait ou attaquait à la débandade, et fut par conséquent souvent battue; elle perdit cette confiance en ses forces qui sert d'instinct à la valeur.

Les Français firent valoir l'affaire de Sahay comme la plus grande victoire; la bataille de Pharsale ne fit pas plus de bruit à Rome que ce petit combat n'en fit à Paris. La faiblesse du cardinal de Fleury avait besoin d'être corroborée par quelques heureux succès, et les deux maréchaux qui s'étaient trouvés à ce choc, voulaient rajeunir la mémoire de leur ancienne réputation.

Le maréchal de Belle-Isle, ivre de ses succès tant à Francfort-sur-le-Main qu'à Sahay, vain d'avoir donné un Empereur à l'Allemagne, vint au camp du Roi pour concerter avec ce prince les moyens de tirer les Saxons de leur paralysie. M. de Belle-Isle avait mal choisi son temps : le Roi était bien éloigné d'entrer dans ses vues. Tant de négociations sourdes que les Autrichiens entretenaient avec le cardinal de Fleury, et des anecdotes qui dénotaient sa duplicité, avaient perdu la confiance qu'on avait en lui : on savait que La Chétardie avait proposé à l'impératrice de Russie que le moyen le plus sûr de la réconcilier avec la Suède, était

39 *Relation* de Wylich, témoin oculaire. [Le lieutenant-colonel Frédéric baron de Wylich-Diersfordt, adjudant du Roi, se trouvait alors dans l'armée française comme commissaire prussien.]

d'indemniser cette dernière puissance en Poméranie, aux dépens du roi de Prusse.[40] L'Impératrice refusa cet expédient, et communiqua le contenu au ministre de Prusse qui était à sa cour. En même temps, le cardinal Tencin déclara au Pape, au nom de sa cour, qu'il ne devait pas s'embarrasser de l'élévation de la Prusse; qu'en temps et lieu la France y saurait mettre ordre, et humilier ces hérétiques comme elle avait su les agrandir. Ce qui rendait le Cardinal digne de la plus grande méfiance, c'était sa conduite ténébreuse : il entretenait un nommé Dufargis à Vienne, qui était son émissaire et son négociateur. Il était donc indispensablement nécessaire de le prévenir, surtout si à tant de raisons politiques on ajoute celle des finances, la plus forte et la plus décisive de toutes : il y avait à peine cent cinquante mille écus dans les épargnes. Il était impossible avec une somme aussi modique d'arranger les apprêts pour la campagne suivante; point de ressources pour des emprunts, ni aucun de ces expédients auxquels les souverains ont recours dans les pays où règne l'opulence et la richesse. Toutes ces raisons résumées firent expédier des pleins pouvoirs au comte Podewils, qui était alors à Breslau, pour l'autoriser à signer la paix avec le lord Hyndford, qui avait des pleins pouvoirs de la cour de Vienne. Tout ceci fut cause que le Roi n'entra dans aucune des mesures que le maréchal de Belle-Isle lui proposait, et que les audiences ne se passaient qu'en compliments et en éloges.

Il était à prévoir par la situation où s'était mis le maréchal de Broglie, qu'il s'exposait à recevoir quelque échec. Il ne convenait pas aux intérêts de la Prusse que les Autrichiens pussent s'enfler de quelques nouveaux avantages avant que la paix fût signée. Pour prévenir de pareils contre-temps, le Roi avertit le maréchal de Broglie des mouvements du prince de Lorraine, qui tendait à se joindre au prince Lobkowitz; il lui représenta qu'il devait s'attendre à être assailli par toutes les forces réunies des Autrichiens, et que s'il ne voulait pas pousser vigoureusement M. de Lobkowitz avant l'arrivée du prince de Lorraine, il devait au moins ravitailler Frauenberg. M. de Broglie se moqua des avis d'un jeune homme; il n'en tint aucun compte, et resta tranquillement

40 Voyez *Relation* de Mardefeld.

à Frauenberg sans trop savoir pourquoi. Bientôt les Autrichiens arrivèrent; ils lui enlevèrent un détachement à Tein; ils passèrent la Moldau, et pillèrent tout le bagage des Français. M. de Broglie, tout étonné de ce qui lui arrivait, ne sut que fuir à Pisek; de là, ayant donné pour toute disposition ces mots : « l'armée doit marcher, » il se retira à Braunau, d'où trois mille Croates le chassèrent, et le poursuivirent jusque sous les canons de Prague.

Ces mauvaises nouvelles firent expédier un courrier à Breslau pour hâter la conclusion de la paix. L'éloquence du lord Hyndford, fortifiée du gain d'une bataille, parut plus nerveuse aux ministres autrichiens qu'elle ne leur avait paru auparavant : ils se prêtèrent aux conseils du roi d'Angleterre, et voici les articles des préliminaires qui furent signés à Breslau.[a] 1° La cession que la reine de Hongrie fait au roi de Prusse de la Haute et de la Basse-Silésie et de la principauté de Glatz, excepté les villes de Troppau, de Jägerndorf, et des hautes montagnes situées au delà de l'Oppa. 2° Les Prussiens seront chargés de rembourser aux Anglais un million sept cent mille écus hypothéqués sur la Silésie. Les autres articles étaient relatifs à la suspension d'armes, à l'échange des prisonniers, à la liberté de religion comme au commerce.

Ainsi la Silésie fut réunie aux États de la Prusse. Deux années de guerre suffirent pour la conquête de cette importante province. Le trésor que le feu roi avait laissé, se trouva presque épuisé; mais c'est acheter à bon marché des États, quand il n'en coûte que sept ou huit millions. Le bénéfice des conjonctures seconda surtout cette entreprise : il fallut que la France se laissât entraîner dans cette guerre; que la Russie fût attaquée par la Suède; que, par timidité, les Hanovriens et les Saxons restassent dans l'inaction; que les succès fussent non-interrompus, et que le roi d'Angleterre, ennemi des Prussiens, devînt, en frémissant de rage, l'instrument de leur agrandissement. Ce qui contribua le plus à cette conquête, c'était une armée qui s'était formée pendant vingt-deux ans par une admirable discipline, et supérieure au reste du militaire de l'Europe; des généraux vrais citoyens, des ministres sages et incorruptibles, et enfin un certain bonheur

[a] Le 11 juin 1742.

qui accompagne souvent la jeunesse et se refuse à l'âge avancé. Si cette grande entreprise avait manqué, le Roi aurait passé pour un prince inconsidéré, qui avait entrepris au delà de ses forces : le succès le fit regarder comme heureux. Réellement ce n'est que la fortune qui décide de la réputation : celui qu'elle favorise est applaudi ; celui qu'elle dédaigne est blâmé.

Après l'échange des ratifications,[a] le Roi retira ses troupes de la Bohême. Une partie passa par la Saxe pour rentrer dans ses pays héréditaires ; l'autre partie marcha en Silésie, et fut destinée à garder cette nouvelle conquête.

[a] Il eut lieu à Berlin, le 28 juillet.

CHAPITRE VII.

De la paix. Notification aux alliés. Guerre d'Italie. Les Hanovriens joignent les Anglais en Flandre. Guerre de Finlande. Capitulation de Friedrichshamn. Duc de Holstein appelé à la succession de Suède. Maillebois marche en Bohême, de là en Bavière. Négociations françaises et anglaises à Berlin, et tous les événements jusqu'à l'année 1743.

La bienséance demandait que cette paix qu'on venait de conclure, se notifiât aux anciens alliés de la Prusse. Le Roi avait eu de bonnes raisons pour en venir là; mais les unes étaient de nature à ne point être publiées, et les autres ne pouvaient se dire sans accabler la France de reproches. Le Roi, loin d'avoir intention d'offenser cette puissance, voulait conserver tous les dehors de la bienséance envers elle; seulement il se bornait à ne point courir la carrière périlleuse où elle était engagée, et à devenir simple spectateur, d'acteur qu'il avait été.

L'on prévoyait combien le Cardinal serait sensible à ce revirement de système, qui faisait manquer ses desseins les plus cachés: ils étaient bien différents de ceux qu'il affichait en public; car telle était sa vraie marche. Il présumait si bien du nom français, qu'il pensait qu'une poignée d'hommes suffirait pour soutenir la Bohême. Son intention était de faire porter tout le poids de cette guerre aux alliés, et de fortifier ou de ralentir, selon les intérêts de la France, les opérations militaires, pour diriger par cette conduite les négociations de la paix au plus grand avantage de

Louis XV. Cette conduite était bien différente à celle que le traité d'alliance l'obligeait de tenir.

De tous les alliés de la France, l'Empereur était le plus à plaindre, parce que M. de Broglie n'était ni un Catinat, ni un Turenne, et que le maréchal Törring et les troupes bavaroises n'étaient pas des gens sur lesquels on pût compter. Pour l'électeur de Saxe, tout jaloux qu'il était de l'agrandissement de la maison de Brandebourg, il avait l'obligation au Roi de ce que l'ayant compris dans la paix de Breslau, il pouvait se tirer honorablement d'un mauvais pas; de plus, Auguste III était si peu instruit de l'emploi qu'on faisait de ses troupes, que lorsque le comte de Wartensleben fut envoyé à ce prince pour lui annoncer, en qualité d'allié, le gain de la bataille de Czaslau, il demanda à Wartensleben si ses troupes y avaient bien fait. Wartensleben lui répondit qu'elles n'y avaient point été, et que longtemps avant la bataille elles s'étaient retirées dans le cercle de Saatz, sur les frontières de la Saxe: le Roi en parut étonné; il appela Brühl, qui lui dit ce qu'il put. Avec autant de mauvaise volonté de la part de ses alliés, le Roi n'était pas embarrassé de faire son apologie. Voici la copie de la lettre qu'il écrivit au cardinal de Fleury.[41]

Monsieur mon cousin,

Il vous est connu que depuis que nous avons pris des engagements ensemble, j'ai secondé avec une fidélité inviolable tous les desseins du roi votre maître: j'ai aidé par mes remontrances à détacher les Saxons du parti de la reine de Hongrie; j'ai donné ma voix à l'électeur de Bavière; j'ai accéléré son couronnement; je vous ai aidé de tout mon pouvoir à contenir le roi d'Angleterre; j'ai engagé celui de Danemark dans vos intérêts; enfin, par les négociations et par l'épée j'ai contribué autant qu'il a été en moi à soutenir le parti de mes alliés, quoique les effets n'aient jamais assez répondu aux désirs de ma bonne volonté. Quoique mes troupes, épuisées par les fatigues continuelles de la campagne de 1741, demandassent à prendre quelque repos, qui leur semblait être dû, je n'ai point refusé aux pressantes sollicitations

41 10 juin 1742.

du maréchal de Belle-Isle de les employer en Bohême, pour y couvrir l'aile gauche des alliés. J'ai plus fait : pour dégager M. de Ségur bloqué dans Linz, le zèle pour la cause commune me transporta en Saxe, et, à force d'importunités, j'obtins du roi de Pologne que ses troupes, de concert avec les miennes, fissent une diversion en Moravie. On se porta sur Iglau, dont M. de Lobkowitz se retira en hâte. Cette diversion aurait eu un effet décisif, si M. de Ségur avait eu la patience d'attendre les suites de cette opération, et si M. de Broglie avait été assez en force sur la Wotawa pour seconder mes efforts; mais la précipitation du premier, le peu de troupes de l'autre, la mauvaise volonté des généraux saxons, enfin le manque d'artillerie pour assiéger Brünn, ont fait échouer cette entreprise, ensuite m'ont obligé de quitter une province que les Saxons devaient posséder, et qu'ils n'avaient pas la volonté de conquérir. De retour en Bohême, j'ai marché contre le prince de Lorraine; je l'ai attaqué pour sauver la ville de Prague, qu'il aurait assiégée s'il n'avait été mis en déroute; je l'ai poursuivi autant que les vivres m'ont permis de le suivre. Aussitôt que j'appris que le prince de Lorraine prenait le chemin de Tabor et de Budweis, j'en avertis M. de Broglie, en lui conseillant d'expédier M. de Lobkowitz, qu'il venait de battre à Sahay, avant que l'armée de la reine de Hongrie pût le joindre : M. de Broglie ne jugea pas à propos de prendre ce parti, et au lieu de retourner à Pisek, où le terrain le favorisait, il partagea ses troupes en différents détachements. Vous êtes informé quelles en furent les suites, et tout ce qu'il en a résulté de fâcheux. Maintenant la Bavière est coupée de la Bohême, et les Autrichiens, maîtres de Pilsen, interceptent en quelque sorte les secours que le maréchal de Broglie peut attendre de la France. Malgré les promesses que les Saxons ont faites au maréchal de Belle-Isle, loin qu'ils se préparent à les remplir et à se joindre aux Français, j'apprends qu'ils quittent la Bohême et retournent dans leur électorat. Dans cette situation, où la conduite des Saxons est plus que suspecte, et où il n'y a rien à espérer de M. de Harcourt, l'avenir ne me présente qu'une guerre longue et interminable, dont le principal fardeau retomberait sur moi. D'un côté, l'argent des Anglais met toute la Hongrie en armes; d'un autre côté, les efforts de l'Impératrice-Reine font que ses provinces enfantent des soldats. Les Hongrois se préparent à tomber sur la Haute-Silésie; les Saxons, dans les mauvaises dispositions que je leur connais, sont capables d'agir de concert avec les Autrichiens, et de faire une diversion dans mes pays héréditaires, à présent sans défense. L'avenir ne me présente que des perspectives funestes: dans une situation aussi critique, quoique dans l'amertume de mon cœur, je me suis vu dans la nécessité de me sauver du naufrage, et de gagner un asile. Si des conjonctures fâcheuses m'ont obligé de prendre un parti que la nécessité justifie, vous me trouverez toujours fidèle à remplir les engagements dont l'exécution ne dépend que de moi. Je ne révoquerai jamais la renonciation que j'ai souscrite des pays de Juliers et de Berg; je ne troublerai ni directement ni indirectement l'ordre établi dans cette succession: plutôt mes armes tourneraient-elles contre moi-même que contre les Français. On me trouvera toujours un empressement égal à concourir à l'avantage du roi votre maître, et au bien de son royaume. Le cours de cette guerre n'est qu'un tissu des marques de bonne volonté que j'ai données à mes alliés; vous en devez être convaincu, ainsi que de l'authenticité des faits que je viens de vous rappeler. Je suis persuadé, monsieur, que vous regrettez avec moi que le caprice du sort ait fait avorter des desseins aussi salutaires à l'Europe qu'étaient les nôtres.

Je suis etc.

Voici la réponse du Cardinal: 42

Sire,

Votre Majesté jugera aisément de la vive impression de douleur qu'a faite sur moi la lettre dont il lui a plu m'honorer, du 10 de ce mois. Le triste événement qui renverse tous nos projets en Allemagne, n'eût pas été sans ressource, si Votre Majesté eût pu secourir M. de Broglie, et sauver du moins la ville de Prague; mais elle n'y a pas trouvé de possibilité, et c'est à nous à nous conformer à ses lumières et à sa prudence. On a fait de grandes

42 20 juin 1742.

fautes, il est vrai; il serait inutile de les rappeler; mais si nous eussions réuni toutes nos troupes, le mal n'eût pas été sans remède; il ne faut plus y songer et ne penser qu'à la paix, puisque Votre Majesté la croit nécessaire, et le Roi ne la désire pas moins que Votre Majesté : c'est à elle à en régler les conditions, et nous enverrons un plein pouvoir au maréchal de Belle-Isle, pour souscrire à tout ce qu'elle aura arrêté. Je connais trop sa bonne foi et sa générosité pour avoir le moindre soupçon qu'elle consente à nous abandonner, après les preuves authentiques que nous lui avons données de notre fidélité et de notre zèle pour ses intérêts. Votre Majesté devient l'arbitre de l'Europe, et c'est le personnage le plus glorieux que Votre Majesté puisse jamais faire. Achevez, Sire, de le consommer, en ménageant vos alliés et l'intérêt de l'Empereur autant que possible : et c'est tout que je puis avoir l'honneur de lui dire dans l'accablement où je me trouve. Je ne cesserai de faire des vœux pour la prospérité de Votre Majesté, et d'être avec tout le respect, etc.

Ce fut ainsi que se termina cette alliance, où chacun de ceux qui la formaient, voulait jouer au plus fin; où les troupes de différents souverains étaient aussi désobéissantes à ceux qui étaient à la tête des armées, que si on les avait rassemblées pour désobéir; où les camps étaient semblables aux anarchies; où tous les projets des généraux étaient soumis à la révision d'un vieux prêtre qui, sans connaissance ni de la guerre ni des lieux, rejetait ou approuvait, souvent mal à propos, les objets importants dont il devait décider : ce fut là le vrai miracle qui sauva la maison d'Autriche; une conduite plus prudente rendait sa perte inévitable.

Dès que les ratifications de la paix furent échangées entre les Prussiens et les Autrichiens, le roi d'Angleterre la garantit dans la forme la plus solennelle, avec la sanction du parlement, conformément aux vœux de toute la nation, qui le désirait ainsi. Le lord Carteret fut le principal promoteur de cet ouvrage, parce qu'il se flattait d'engager incessamment la Prusse dans la guerre qu'il méditait contre la France. Il avait déjà rassemblé en Flandre, comme nous l'avons dit, seize mille Anglais, autant de Hanovriens, auxquels six mille Hessois se joignirent. Le roi de Suède, landgrave de Hesse, en avait un nombre pareil au service de l'Empereur, et il eût pu arriver qu'on eût vu Hessois contre Hessois engagés par honneur à s'entre-détruire; tant l'intérêt sordide aveugle les hommes.

Ces troupes qui s'assemblaient en Brabant, ne donnaient pas assez d'inquiétude aux Français pour qu'ils négligeassent de sauver M. de Broglie. On envoya M. de Maillebois avec son armée en Bohême, pour secourir un maréchal et une armée française assiégés dans Prague. Les Parisiens, qui aiment assez à plaisanter sur tout, appelèrent cette armée celle des mathurins,[a] parce qu'elle devait délivrer des prisonniers. M. de Maillebois passa le Rhin à Mannheim, et dirigea sa marche sur Éger.

Depuis que les Prussiens avaient fait leur paix, et que les Saxons s'étaient retirés chez eux, la fortune s'était entièrement déclarée pour la reine de Hongrie. Le prince de Lorraine, après avoir pris Pilsen, vint se camper proche de Prague. M. de Broglie avait pris auprès de Bubenetsch une position dont l'assiette lui était très-désavantageuse. Le canon des ennemis l'obligea de l'abandonner, et de se réfugier dans Prague avec toutes ses troupes; il ne tarda pas à s'y voir assiégé. Les troupes allemandes de la Reine formèrent l'investissement du Petit-Côté; les Hongrois, les Croates et les troupes irrégulières l'enfermèrent depuis le Hradschin jusqu'à la Porte-Neuve, et ils établirent des communications par des ponts sur la haute et la basse Moldau. On compte pour l'événement le plus mémorable de ce siége la grande sortie des Français, dans laquelle ils tuèrent et prirent trois mille hommes aux ennemis, et leur enclouèrent le canon qu'ils avaient en batteries. Les maréchaux de Belle-Isle et de Broglie rentrèrent triomphants dans Prague au retour de cette expédition, suivis de leurs prisonniers, et des trophées qu'ils venaient d'emporter.

Si les Français se rendaient redoutables aux Autrichiens par la vigueur de leur défense, ils n'en étaient pas moins à plaindre dans l'intérieur de leur armée: leur situation était digne de pitié, tant par la mésintelligence de leurs chefs, que par l'affreuse mi-

[a] Les mathurins sont obligés par leur vœu monacal de racheter de l'esclavage les chrétiens captifs chez les Turcs.

sère à laquelle ils étaient exposés. La disette était si grande, qu'ils tuaient et mangeaient leurs chevaux, pour suppléer à la viande de boucherie, qu'à peine on servait à la table des maréchaux. Dans cette situation désespérée, où ils ne voyaient dans l'avenir que la mort ou l'ignominie; M. de Maillebois vint à leur secours pour les délivrer. Si l'on avait donné carte blanche à ce maréchal, le destin de la Bohême aurait pu changer; mais de Versailles le Cardinal le menait à la lisière. Les occasions étaient perdues pour ce maréchal, parce qu'il n'osait en profiter.

La cour de Vienne sentit le coup que le Cardinal pouvait lui porter; trop faible pour le parer, elle eut recours à la ruse, qui suppléa à ce qui lui manquait de force. Le comte Ulefeld, ministre des affaires étrangères de la reine de Hongrie, connaissant le caractère du Cardinal, sut si bien l'amuser par des négociations, qu'il donna à M. de Khevenhüller le temps d'accourir de la Bavière, et de joindre le prince de Lorraine. Les Français se laissèrent si bien amuser, que les Autrichiens gagnèrent une marche sur eux, et réduisirent M. de Maillebois à choisir entre le combat ou la retraite: il fut blâmé généralement de n'en être pas venu aux mains avec le prince Charles. Cependant il était innocent: nous savons avec certitude que sa cour lui avait donné l'ordre positif de ne rien risquer. M. de Maillebois obéit donc; et comme il lui était impossible de s'approcher de Prague sans engager une affaire générale, il retourna sur ses pas, et se rapprocha d'Éger. Cette diversion, quoiqu'incomplète, produisit des effets avantageux à ces troupes renfermées dans Prague. Les maréchaux de Belle-Isle et de Broglie, débarrassés de l'armée autrichienne, firent de gros détachements pour amasser des provisions, et ravitaillèrent la ville. M. de Maillebois, qui devenait inutile en Bohême, où il n'avait presque aucun pied, prit par Ratisbonne et Straubing, et se joignit avec le maréchal de Seckendorff, qui commandait les troupes de l'Empereur en Bavière. Si l'armée de Maillebois eût pu contenir plus longtemps celle du prince Charles de Lorraine en Bohême, M. de Seckendorff aurait pu reprendre Passau, Straubing, et toutes les villes qui tenaient encore pour les Autrichiens. M. de Maillebois tenta inutilement de reprendre Braunau. Le prince de Lorraine l'avait suivi en Bavière, et comme la saison était avancée, et les deux armées, accablées de fatigues, elles prirent chacune leurs quartiers d'hiver.

Les affaires de la maison d'Autriche étaient sur un pied assez incertain en Italie. Les Espagnols, sous les ordres de M. de Montemar, avaient pénétré jusqu'au Ferrarois. Le maréchal de Traun les ayant obligés de reculer un peu, la reine d'Espagne, qui ne voulait pas que ses généraux mollissent, envoya M. de Gages en Italie pour relever M. de Montemar.

L'année 1742 pouvait s'appeler celle des diversions : l'invasion de M. de Khevenhüller en Bavière, celle du Roi en Moravie, cette armée que les Anglais rassemblaient en Flandre, la marche de M. de Maillebois en Bohême, la flotte dont l'amiral Matthews menaça de bombarder Naples pour obliger le Roi à la neutralité, le passage de Don Philippe par la Savoie pour obliger le roi de Sardaigne à retirer ses troupes de l'armée autrichienne sur le Panaro. Aucune de ces diversions ne répondit entièrement au but que les auteurs s'en étaient proposé. Depuis la retraite de M. de Maillebois, Prague fut resserrée de nouveau par un corps de troupes légères de Croates et de Hongrois qui en formaient l'investissement.

Pendant que tout ceci se passait au midi de l'Europe, le gouvernement de la nouvelle impératrice de Russie s'affermissait à Pétersbourg. Les ministres de cette princesse furent assez adroits pour endormir par leurs négociations et l'ambassadeur de France, et M. de Lewenhaupt qui commandait les troupes suédoises en Finlande. Les Russes usèrent habilement de ce temps pour renforcer leur armée. Dès que M. de Lacy, qui commandait les troupes russes, se vit en force, il marcha en avant; il n'eut que la peine de se montrer, les Suédois plièrent partout : le nom russe, qu'ils ne proféraient qu'avec mépris du temps de la bataille de Narwa, était devenu pour eux un objet de terreur; les postes inattaquables n'étaient plus des lieux de sûreté pour eux. Après avoir ainsi fui de poste en poste, ils se virent resserrés à Friedrichshamn par les Russes, qui leur coupèrent l'unique retraite qui leur restait; ces Suédois eurent enfin la lâcheté de mettre les armes bas, et signèrent une capitulation ignominieuse et flétrissante,[a]

[a] A Helsingfors, le 4 septembre 1742.

qui imprima une tache à la gloire de leur nation : vingt mille Suédois passèrent sous le joug de vingt-sept mille Russes. Lacy désarma et renvoya les Suédois nationaux, et les Finnois prêtèrent serment de fidélité. Quel exemple humiliant pour l'orgueil et la vanité des peuples! La Suède, qui sous les Gustave et les Charles était regardée comme la patrie de la valeur, devint en ces temps un modèle de lâcheté et d'infamie; ce même pays produisit des héros dans ses beaux jours, et sous le gouvernement républicain, des généraux privés d'honneur et de fermeté : au lieu d'Achilles, ils n'enfantent que des Thersites. Ainsi les royaumes et les empires, après s'être élevés, s'affaiblissent, et se précipitent vers leur chute. C'est bien à ce sujet qu'il faut dire : Vanité des vanités, tout est vanité!

La cause politique de ces changements se trouve vraisemblablement dans les différentes formes de gouvernement par lesquelles les Suédois ont passé. Tant qu'ils formaient une monarchie, le militaire était en honneur : il était utile pour la défense de l'État, et il ne pouvait jamais lui être redoutable. Dans une république, c'est le contraire; le gouvernement doit en être pacifique par sa nature, le militaire y doit être avili : on a tout à craindre de généraux qui peuvent s'attacher les troupes; c'est d'eux dont peut venir une révolution. Dans les républiques, l'ambition se jette du côté de l'intrigue pour parvenir; les corruptions les avilissent insensiblement, et le vrai point d'honneur se perd, parce qu'on peut faire fortune par des voies qui n'exigent aucun mérite dans le postulant. Outre cela, jamais le secret n'est gardé dans les républiques; l'ennemi est averti d'avance de leurs desseins, et il peut les prévenir. Mais les Français réveillèrent à contre-temps l'esprit de conquête qui n'était pas encore entièrement effacé de l'esprit des Suédois, pour les commettre avec les Russes, lorsque les Suédois manquaient d'argent, de soldats disciplinés, et surtout de bons généraux.

La supériorité que les Russes avaient alors, obligea les Suédois à envoyer deux sénateurs à Pétersbourg offrir la succession de leur couronne au jeune grand-duc, prince de Holstein et neveu de l'Impératrice. Rien de plus humiliant pour cette nation que le refus du Grand-Duc, qui trouva cette couronne au-dessous de lui. Le marquis de Botta, alors ministre autrichien à Pétersbourg, dit au Grand-Duc, en lui faisant compliment : « Je voudrais que la reine ma maîtresse eût autant de facilité à conserver « ses royaumes que votre altesse impériale d'en refuser. » Sur ce refus du Grand-Duc, les prêtres et les paysans, qui ont voix aux diètes, voulaient qu'on choisît pour successeur à leur roi le prince royal de Danemark; les sénateurs du parti français donnaient leurs suffrages au prince de Deux-Ponts; mais l'Impératrice se déclara pour l'évêque d'Eutin, oncle du Grand-Duc, et sa volonté l'emporta sur l'influence des autres partis. L'élection de ce prince ne se fit que l'année 1743; tant les cabales qui s'étaient formées à Stockholm tenaient les résolutions de la diète en suspens.

Depuis la paix de Breslau, les négociations ne finissaient pas. Les Anglais avaient dessein d'entraîner le Roi dans la guerre qu'ils allaient entreprendre; les Français voulaient l'engager dans des mesures incompatibles avec la neutralité à laquelle il s'était engagé; l'Empereur sollicitait sa médiation : mais ce prince resta inébranlable. Plus la guerre durait, plus la maison d'Autriche épuisait ses ressources; et plus la Prusse restait en paix, plus elle acquérait de forces. La chose la plus difficile dans ces conjonctures, était de maintenir tellement la balance entre les parties belligérantes, que l'une ne prît pas trop d'ascendant sur l'autre. Il fallait empêcher que l'Empereur ne fût détrôné, et que les Français ne fussent chassés d'Allemagne; et quoique les voies de fait fussent interdites aux Prussiens par la paix de Breslau, ils pouvaient trouver des ressources, dans les intrigues, à parvenir aux mêmes fins que par les armes : l'occasion s'en présenta tout de suite. Le roi d'Angleterre s'était proposé d'envoyer ses troupes de Flandre au secours de la reine de Hongrie; ce secours aurait perdu sans ressource les affaires de l'Empereur et de la France. Un danger aussi pressant mit le Roi dans la nécessité d'employer les représentations les plus fortes; il alla jusqu'à menacer le roi d'Angleterre d'entrer dans son électorat, s'il hasardait de faire passer le Rhin à des troupes étrangères, pour les introduire dans l'Empire sans le consentement du corps germanique. Par des insinuations plus douces, les Hollandais se laissèrent persuader de ne point joindre alors leurs troupes à celles des alliés de la reine de Hongrie, et les Français, ayant le temps de respirer, pourvurent à leur défense.

Les Prussiens ne réussirent pas de même dans un projet qu'ils avaient formé pour le maintien de l'Empereur. Ce projet avait pour but de soutenir les troupes de ce prince en Bavière. Les Français avaient deux raisons pour y concourir : la première c'est qu'en abandonnant la Bavière ils étaient contraints de repasser le Rhin, et de songer à la défense de leurs propres foyers ; la seconde, qu'ayant fait un Empereur, il y avait de la honte pour eux à l'abandonner, et à le livrer, pour ainsi dire, à la merci de ses ennemis. Mais leurs généraux avaient perdu la tête, et la terreur, plus forte que le raisonnement, les subjuguait : pour remplacer leurs troupes en quelque manière, le dessein était de former une association des cercles, qui formerait une armée de neutralité; sous ce prétexte, le Roi aurait pu y joindre ses troupes, et cette armée aurait couvert la Bavière. Cette affaire manqua par la crainte servile des princes de l'Empire pour la maison d'Autriche : la reine de Hongrie menaça, les princes tremblèrent, et la diète ne voulut rien résoudre. Si la France avait soutenu ce projet par quelques sommes distribuées à propos, il aurait réussi : la plus mauvaise économie d'un prince est de ne savoir pas dépenser son argent lorsque les conjonctures l'exigent.

Ainsi finit l'année 1742, dont les événements variés servirent de prélude à une guerre qui se fit avec un plus grand acharnement. Les Français étaient les seuls qui désiraient la paix. Le roi d'Angleterre trop préoccupé de la faiblesse du gouvernement français, croyait qu'il suffisait d'une campagne pour l'abattre; la reine de Hongrie couvrait son ambition sous le voile d'une défense légitime : nous verrons dans la suite comment, de partie belligérante, elle devient l'auxiliaire de ses alliés.

La Prusse tâcha de profiter de la paix dont elle jouissait, pour rétablir ses finances : les ressources étaient usées; il fallait laborieusement en assembler de nouvelles, perfectionner, ce que la hâte avait empêché, ce qu'il y avait de défectueux encore dans les recettes de la Silésie, payer les dettes des Autrichiens aux Anglais. On entreprenait en même temps de fortifier cinq places à neuf, Glogau, Brieg, Neisse, Glatz et Cosel; on faisait dans les troupes une augmentation de dix-huit mille hommes : tout cela demandait de l'argent et beaucoup d'économie, pour en accélérer l'exécution. La garde de la Silésie était commise à trente-cinq mille hommes qui avaient servi d'instruments à cette conquête. Ainsi, loin de profiter de cette tranquillité pour s'amollir, la paix devint pour les troupes prussiennes une école de guerre. Dans les places se formaient des magasins; la cavalerie acquérait de l'agilité et de l'intelligence, et toutes les parties du militaire concouraient avec une même ardeur à l'affermissement de cette discipline qui rendit autrefois les Romains vainqueurs de toutes les nations.[a]

Corrigé à Sans-Souci sur l'original de mes Mémoires de 1741 et de 1742.

Ce 1er juin 1775.

FEDERIC.

[a] Flavii Vegetii *de re militari* lib. I. cap. 1.

RELATION

DE

LA BATAILLE DE CHOTUSITZ.

RELATION

DE

LA BATAILLE DE CHOTUSITZ.

Après que le Roi fut sorti de la Moravie, il avait établi son armée dans les quartiers de rafraîchissement, entre l'Elbe et la Sasawa, partagée en trois corps, dont l'un était à Leutomischl, sous les ordres du lieutenant-général Jeetze,[a] le second à Chrudim, sous les ordres de Sa Majesté le Roi, et le troisième entre Czaslau et Kuttenberg, sous les ordres du lieutenant-général Kalckstein.[b]

Dans cette position, Sa Majesté attendit le renfort de troupes que lui amena le général-feld-maréchal prince d'Anhalt, pour qu'elle pût former deux corps d'armée, le plus considérable ici en Bohême, et le moins fort dans la Haute-Silésie, qu'elle remit sous les ordres du vieux prince d'Anhalt.

Notre renfort de troupes n'était pas encore tout à fait arrivé : il nous manquait huit bataillons d'infanterie, dix escadrons de cavalerie et vingt escadrons de hussards, lorsque le Roi apprit la nouvelle que le prince Charles de Lorraine, avec les forces les plus considérables de la maison d'Autriche, marchait en Bohême, et prenait la route de Prague. Beaucoup de nos espions, ajoutés au

[a] Joachim-Christophe de Jeetze, né dans la Vieille-Marche en 1673, devint feld-maréchal le 24 mai 1747.

[b] Christophe-Guillaume de Kalckstein, né en Prusse l'an 1682, devint feld-maréchal le 24 mai 1747. C'est le même qui, ci-dessus, p. 78, a déjà été mentionné avec le titre de maréchal, peu de temps après avoir été promu au grade de lieutenant-général.

nombre des déserteurs de l'armée ennemie, confirmèrent journellement l'approche du prince Charles; sur quoi, le Roi résolut d'assembler son armée à Chrudim, qui était son point de ralliement.

Le 13 de mai, entre onze heures et midi, l'armée entra dans le camp sur trois colonnes, et se campa sur la hauteur de Chrudim, l'aile droite à un village nommé Medleschitz, et l'aile gauche au ruisseau de la Chrudimka.

Le 14, on apprit par des déserteurs, par des espions, et par nos patrouilles de hussards, que l'ennemi était campé à Setsch et Boganow.

Les magasins prussiens étaient distribués à Nimbourg, Podiebrad et Pardubitz, le long de l'Elbe.

Il y a un pont, à Kolin, dont un parti de l'avant-garde de l'ennemi s'était rendu maître, et commençait à faire des incursions de l'autre côté de l'Elbe, dans les endroits où l'on charriait actuellement nos fourrages et notre farine. La ville de Czaslau était occupée par cinq cents hommes de l'infanterie hongroise et environ trois ou quatre mille hussards.

On avait des nouvelles certaines qu'il y avait eu des troupes à Kuttenberg, ce qui découvrait assez que le dessein de l'ennemi était, ou de prendre le camp de Kuttenberg et de nous couper de nos magasins et de l'armée française, ou bien de marcher vers la ville de Prague, où l'on avait des avis que l'ennemi entretenait une intelligence secrète avec quelques-uns des principaux seigneurs et habitants. Sur cette nouvelle, le Roi prit, le 15, l'avant-garde avec dix bataillons d'infanterie, dix escadrons de dragons et dix escadrons de hussards, et marcha droit par Herzmanmiestetz sur la hauteur de Chotieborz, laissant le commandement de l'armée au général de l'infanterie, le prince Léopold d'Anhalt, avec ordre de le suivre le lendemain, dès que les caissons de pain seraient arrivés.

A peine le Roi fut-il arrivé sur la hauteur de Chotieborz, qu'il rangea ses troupes sur un poste avantageux, et qu'il alla à la découverte des ennemis, avec les hussards, sur une colline qui n'en était pas distante. On y aperçut distinctement un camp des ennemis, qu'on jugea à peu près pouvoir contenir sept à huit mille hommes.

Sur ces entrefaites, le général prince Léopold envoya son adjudant au Roi avec un déserteur des Autrichiens qui venait immédiatement de leur camp, et qui déposa que l'armée restait ce jour-là campée entre Setsch et Boganow; ce qui fit juger que ce corps que nous avions vu pouvait être un détachement du prince Lobkowitz, et que le prince Charles serait intentionné de se joindre le jour après avec lui: sur quoi, le Roi donna ordre au général de l'infanterie, le prince Léopold, de se mettre en marche à l'aube du jour, pour venir camper à Chotusitz.

Le Roi attendit que l'armée fût arrivée à Herzmanmiestetz. En attendant, on envoya à la découverte de l'ennemi, et nous n'aperçûmes plus ce camp que nous avions vu à Willimow; sur quoi, nous nous mîmes en marche pour gagner Kuttenberg, afin d'en tirer du pain pour l'armée, qui n'en avait plus que pour le jour même, et pour être à portée de devancer l'ennemi s'il voulait aller sur Prague, ou de nous joindre à l'armée s'il s'agissait de livrer bataille.

Le soir, le général de l'infanterie, le prince Léopold, fit avertir le Roi qu'on avait aperçu le camp de toute l'armée ennemie, et que des déserteurs avaient déposé que le prince Charles y était avec toutes ses forces; que le camp que le Roi avait aperçu le jour d'auparavant, était l'avant-garde du prince Charles de Lorraine, qui, ayant pris notre avant-garde pour le corps de l'armée, s'était replié pendant la nuit sur son armée, et était avancé le lendemain, midi, avec elle: sur quoi, le Roi marcha, le 17 mai, à cinq heures, pour joindre l'armée. L'ennemi, qui décampa le soir d'auparavant à huit heures, marcha jusque derrière Czaslau, dont le général prince Léopold n'avait pu se rendre maître, à cause de la longueur de sa marche, et que la nuit était survenue lorsqu'il était venu se camper.

A peine le Roi arriva-t-il sur la hauteur de Neuhof, que le prince Léopold fit avertir le Roi qu'on apercevait l'armée ennemie qui marchait sur nous en colonnes; sur quoi, le Roi lui fit dire de sortir du camp, de se mettre sur la hauteur, de renforcer la première ligne de l'infanterie, et de laisser la place qu'il fallait dans la seconde ligne pour les dix bataillons et les dix escadrons que le Roi amenait.

Dès que le Roi fut arrivé, on commença à canonner l'ennemi,

et on rangea notre cavalerie en potence sur une hauteur, de sorte qu'elle débordait le front de la cavalerie ennemie. Le Roi donna ordre au lieutenant-général Buddenbrock[a] d'attaquer; et le choc de notre cavalerie renversa totalement la première ligne de la cavalerie ennemie. Une poussière épouvantable empêcha notre cavalerie de profiter de tous ses avantages. Quoique le général-major Rottembourg perçât la seconde ligne de l'ennemi, et renversât deux de leurs régiments d'infanterie de leur aile gauche, une partie de la cavalerie de la seconde ligne de l'ennemi prit en flanc notre aile droite qui avait attaqué en potence, et fit plier quelques escadrons. Pendant ce temps, quelque cavalerie de l'ennemi se rallia, et attaqua notre cavalerie à la hussarde, où nous perdîmes quelque monde; mais la cavalerie de l'aile gauche ennemie ne fut pas moins battue.

Pendant ce temps-là, toute l'infanterie de l'ennemi fit un demi-tour à droite, et vint attaquer le village de Chotusitz, où nous avions deux bataillons du régiment de Schwerin. Notre cavalerie de l'aile gauche attaqua l'ennemi, et battit toute la première ligne de cette aile. Le régiment du prince Guillaume[b] et celui de Waldow[b] percèrent la seconde ligne, et hachèrent en pièces tout le régiment de Vetes[c] des Autrichiens, ce qui dégarnit pourtant notre aile gauche de cavalerie; et, tandis que notre cavalerie prenait leur infanterie en flanc, quelques escadrons de l'ennemi trouvèrent moyen de prendre en flanc notre infanterie de l'aile gauche, postée de l'autre côté de Chotusitz, ce qui ne laissa pas de nous causer du dommage, d'autant plus que les grenadiers autrichiens avancèrent derrière leur cavalerie, et prirent le village à revers, et le mirent en feu, ce qui obligea notre infanterie d'abandonner le village, et de poster ceux qui avaient été dans le village, sur le flanc de notre infanterie, face au vil-

[a] Deux jours après la victoire de Chotusitz, le lieutenant-général Guillaume-Didier de Buddenbrock fut nommé général de la cavalerie; il devint feld-maréchal le 19 mars 1745. Voyez ci-dessus, p. 121.

[b] Voyez ci-dessus, p. 122 et 124.

[c] Voyez ci-dessus, p. 123. La *Gazette privilégiée* de Berlin, du 29 mai 1742, et vraisemblablement aussi l'autre gazette, que nous n'avons pu comparer, nomme un autre régiment, dans ces termes: « und machten das ganze Oesterreichische Husaren-Regiment von Festetitz totaliter zu schanden. »

lage, et l'infanterie qui avait été de l'autre côté du village, derrière un chemin creux qui en était très-peu distant.

Le feu de notre infanterie redoubla; la cavalerie ennemie de l'aile droite et de l'aile gauche était battue, ce qui donna le moyen au Roi d'avancer avec toute l'aile droite de l'infanterie, mouvement par lequel toute l'infanterie ennemie était prise en flanc; sur quoi, l'ennemi fut chassé de notre droite, et tous, tant cavalerie qu'infanterie, prirent la fuite avec la plus grande confusion du monde, et se retirèrent par trois ou quatre endroits différents.

Trois ou quatre escadrons de l'ennemi tenaient encore ferme du côté de Czaslau; mais le Roi, avançant avec toute l'armée vers Czaslau, se rendit en moins de rien maître de la ville, et détacha le lieutenant-général Jeetze avec quelques bataillons, et le lieutenant-général Buddenbrock avec trente escadrons et les hussards, à la poursuite de l'ennemi.

Ce corps les suivit du champ de bataille jusqu'à deux lieues d'Allemagne, et notre armée les suivit, le 18, jusqu'à une lieue. L'ennemi ne nous a point attendus, et continue sa fuite du côté de la Moravie.

J'ai oublié de dire que pendant l'action nos hussards ont attaqué la seconde ligne de l'infanterie de l'ennemi qui a été obligée de faire un carré, et qui par là, ayant été isolée de tout le reste de l'infanterie ennemie, a souffert considérablement.

Nous avons pris à l'ennemi dix-huit canons, un haubitz et quelques drapeaux.

Le général Pallant, le lieutenant-colonel Liewingstein, une vingtaine d'officiers, et entre mille et douze cents hommes sont prisonniers.

Dans le choc de notre cavalerie contre leur infanterie, nous avons perdu cinq étendards, à cause que les commandants, les porte-guidon et les bas officiers les plus proches ont été tués.

Nous avons perdu de nos troupes le général-major Werdeck, les colonels Maltzahn du régiment de Buddenbrock, Bismarck de Baireuth et Kortzfleisch de jeune Waldow, et le major Schöning de Gessler.

Le lieutenant-général de la cavalerie Waldow est blessé; le général-major comte de Rottembourg a le bras cassé; le général-major Wedell est mal blessé; le colonel Pritzen du régiment du prince Ferdinand, les lieutenants-colonels Wernsdorff de Holstein, Suckow de Rottembourg, Rintorf du régiment du prince Léopold, et Schwerin du prince Guillaume, les majors Knobloch de Holstein, Manteuffel et Zastrow de Schwerin, Hausen du prince Ferdinand, Bandemer de Léopold, le comte Lostange, et environ une trentaine [a] d'officiers de cavalerie sont blessés.

Cette action, dont le glorieux succès doit être principalement attribué à notre brave cavalerie, n'a pas laissé que d'être sanglante pour elle. Nous y avons perdu entre sept à huit cents cavaliers et dragons, et cela par la vive attaque qu'ils ont faite sur l'infanterie ennemie. Notre infanterie a perdu entre six et sept cents hommes, mais peu d'officiers de marque.

En général il est impossible que rien surpasse la valeur et l'intrépidité de nos troupes, qui ont vaincu la cavalerie d'Autriche, l'une des plus braves qu'il y ait eu jusqu'ici en Europe, et les grenadiers autrichiens, qui se sont fort distingués ce jour-là par l'attaque du village de Chotusitz. En un mot, on doit rendre justice à l'ennemi, que ce n'est pas faute de valeur qu'il a perdu la bataille.

Notre force consistait en trente bataillons d'infanterie, soixante escadrons de cuirassiers et dragons, et dix escadrons de hussards.

Les ennemis ont eu soixante-deux escadrons de cavalerie et trente-six bataillons d'infanterie, sans les Croates et les Serines, quatre régiments de hussards et deux de Raziens.

La perte qu'ils ont eue est très-considérable. Outre deux mille jusqu'à trois mille morts qu'on a trouvés d'eux au champ de bataille, le nombre des blessés ne doit être moindre, ainsi qu'on peut compter qu'ils ont eu au moins cinq mille morts et blessés, sans compter ce qui s'est dispersé de leurs troupes. Les déserteurs qui nous viennent journellement en foule, et dont le nombre va déjà à plus de six cents, confirment cela unanimement. Autant que l'on sait, il y a entre leurs morts deux généraux-majors et nombre d'officiers.

[a] Dans la minute on lit « une centaine. »

TABLE DES MATIÈRES.

PAGES

Avertissement de l'Éditeur IX

Avant-propos (1746) XIII

Avant-propos (1775) XXI

HISTOIRE DE MON TEMPS.

CHAPITRE Ier.

Introduction.

État de la Prusse à la mort de Frédéric-Guillaume. Caractères des princes de l'Europe, de leurs ministres, de leurs généraux. Idée de leurs forces, de leurs ressources, et de leur influence dans les affaires de l'Europe. État des sciences et des beaux-arts. Ce qui donna lieu à la guerre contre la maison d'Autriche 1

CHAPITRE II.

Raisons de faire la guerre à la reine de Hongrie après la mort de l'empereur Charles VI. Campagne d'hiver en Silésie 50

CHAPITRE III.

Campagne de 1741. Négociations de paix. Hommage de Breslau. Retour à Berlin 67

CHAPITRE IV.

Raisons politiques de la trêve. Guerre des Français et des Bavarois en Bohême. L'Espagne se déclare contre l'Autriche. Diète de l'Empire. Révolution en Russie. Diverses négociations 93

CHAPITRE V.

PAGES

Irruption des Autrichiens en Bavière. Départ du Roi. Ce qui se passa à Dresde, Prague et Olmütz. Négociation de Fitzner. Expédition de Moravie, Autriche et Hongrie. Négociation de Ianini. Blocus de Brünn. Le Roi quitte la Moravie, et joint son armée de Bohême à Chrudim. Ce qui se passa en Moravie après son départ. Changement de ministère à Londres. Négociation infructueuse de Chrudim, qui fait prendre la résolution de décider l'irrésolution des Autrichiens par une bataille 103

CHAPITRE VI.

Événements qui précèdent la bataille de Chotusitz. Disposition de la bataille. Affaire de Sahay. M. de Belle-Isle vient au camp prussien; il part pour la Saxe. Paix de Breslau 118

CHAPITRE VII.

De la paix. Notification aux alliés. Guerre d'Italie. Les Hanovriens joignent les Anglais en Flandre. Guerre de Finlande. Capitulation de Friedrichshamn. Duc de Holstein appelé à la succession de Suède. Maillebois marche en Bohême, de là en Bavière. Négociations françaises et anglaises à Berlin, et tous les événements jusqu'à l'année 1743. 131

RELATION DE LA BATAILLE DE CHOTUSITZ 143

www.ingramcontent.com/pod-product-compliance
Ingram Content Group UK Ltd.
Pitfield, Milton Keynes, MK11 3LW, UK
UKHW031846260826
14628UKWH00002B/626

9 782019 145750